Wrege

Ernst Heimeran

Schüler, die wir waren

RICHARZ GESCHENKBIBLIOTHEK
Bücher in großer Schrift

Ernst Heimeran

Schüler, die wir waren

Richarz Geschenkbibliothek
Verlag CW Niemeyer

CIP-Titelaufnahme der Deutschen Bibliothek

Heimeran, Ernst:
Schüler, die wir waren / Ernst Heimeran. – 1. Aufl. – Hameln:
Niemeyer, 1989
(Richarz Geschenkbibliothek, Bücher in großer Schrift)
ISBN 3-87585-735-6

Herausgegeben
von Margrit Heimeran
Lizenzausgabe mit freundlicher Genehmigung des
Carl Hanser Verlages, München Wien

1. Auflage 1989
Gesamtherstellung: CW Niemeyer-Druck, Hameln
Printed in Germany
ISBN 3-87585-735-6

Klasse 3 a

Im September 1914, in einer der ersten Religionsstunden des neuen Schuljahres, bei der Auslegung des sechsten Gebotes, sagte der Epple zu uns:

»Keusch und züchtig leben, also aufmerken jetzt, ihr kommt bald in die Entwicklungsjahre, hütet euch vor den heimlichen Unarten! Wie bald hat so ein Hausschwamm das ganze Haus angefressen!«

Trall, rotbäckig, mit weißgestärktem Umlegkrägelchen und breiter Kinderschleife, meldete sich.

»Herr Professor, was ist denn das für ein Hausschwamm?«

Die Klasse merkte sofort: das ist wieder eine von Tralls berühmten Fragen. Tralls berühmte Fragen waren: »Was ist das, Herr Professor, beschneiden?« oder: »Was heißt das in der Bibel: ›Adam erkannte sein Weib‹?«

Trall konnte sich das trauen, denn er sah aus wie die blühende Unschuld, von Kaulbach gemalt.

Epple quirlte einen Bleistiftstumpf zwischen den Fingerspitzen. »Weiß denn keiner, wo ich hinauswill«, wehrte er sich und schaute über den altmodisch schwarz gerandeten Zwicker auf die Klasse hin.

Viele wußten sehr genau, wo der Epple hinauswollte. Aber sie schwiegen, und Trall blieb erwartungsvoll neben der Bank stehen, den Kinderblick treuherzig auf den Religionsprofessor gerichtet.

Da fing der Epple notgedrungen etwas von den unnatürlichen Lastern zu reden an, von Blümelein, die vorzeitig geknickt dahinwelken, von abgestreiftem Blütenstaub, von jungen Birken, die man im Frühjahr, wenn die Säfte steigen, anzapft, mit einem Strohhalm.

Da konnte sich der runde kleine Bohl in der letzten Bank nicht mehr halten; er platzte heraus. Zwar verschanzte er sich gleich hinter dem Rücken des Repetenten König; den aber schüttelte es selbst; die ganze Zweierbankreihe herauf zündete das Gelächter, und nun lachte sogar Trall dem Epple mitten ins Kathedergesicht.

Epple erhob sich. »Wo Schweine sind, rede ich nicht weiter.«

Bekümmerten, unrasierten Gesichtes blätterte er im Gesangbuch. Ein paar Mal hintereinander leckte er die Finger an.

Trall setzte sich.

So kamen wir um die Aufklärung herum. Die meisten wußten es ja sowieso. Vor allem Trall.

Unsere Klasse 3 a, nach Aussage des Lehrerkollegiums die fürchterlichste, die es jemals im königlich bayerischen Realgymnasium gegeben hatte, zählte siebenunddreißig Schüler. Wir waren zwölf; nur der Freiherr Siegfried von Tun, zart und blond, war ein Jahr jünger. Denn er hatte, wider die damals geltende Ministerialbestimmung, als einziger schon nach der dritten Volksschulklasse ins Gymnasium eintreten dürfen. Dafür war der andere Adlige unter uns, Wolfgang von König, schon dreizehn, denn er hatte repetiert und hieß darob bei uns König Wolfgang II.

Das Realgymnasium vereinigte schon in jenem Jahre 1914 vorwiegend Söhne von Vätern freier Berufe. In den nach der Art von Doktorarbeiten gehefteten Jahresberichten, mit blauem Rückenstreifchen, die jeweils am 15. Juli mit den Zeugnissen ausgeteilt wurden und genaue Klassenlisten enthielten, wimmelte es von Fabrikbesitzern, Kaufleuten, Ingenieuren, Künstlern, Ärzten und Anwälten.

Dieser Umstand unterschied uns wesentlich von den humanistischen Gymnasien, in denen die Söhne von Staatsbeamten den Ton angaben. Daß dieser Ton ein anderer war, konnten wir täglich feststellen.

Eine humanistische Anstalt nämlich war hufeisenförmig mit unserem Realgymnasium zusammengebaut; der Hof gehörte beiden Anstalten gemeinsam; es schied ihn nur eine gedachte, rektoratlich erlassene Luftlinie von der Sprunggrube zum Brunnen, vom Brunnen zur zwillingssäugenden Wölfin über dem Hoftor. Wenn wir Realpennäler nun auf das Glockenzeichen hinunterstrudelten durch die Gänge, wo Pfalzgrafenbilder streng auf umgeschmissene Papierkörbe blickten, wenn wir über den Hydranten in den kiesbestreuten Hof hinein Bock sprangen und tumulteten wie die Wallensteiner, wandelten drüben, jenseits der Luftlinie, die Griechen gemessenen Schrittes, artig ihre Aufsichten grüßend und beeilten sich nur bei Schluß der Pause ruhig in die Schulzimmer zurückzukehren. Nie hörten wir drüben bei ihnen jene Frösche, Kracher, Hexenräder und Feuerwerkskörper springen, die wir herüben losließen mit immer neuer Lust.

Sogar die humanistischen Turnstunden im Hof waren anders; wir trieben Deutschball, Springen, Kugelstoßen und Seilziehen vor allem, sie übten Kniebeuge, Rumpfkreisen und Ausfall. Ihr ganzes Wesen schien aus Gemessenheit und Ordnung gemacht; jedenfalls hielt man sie uns darum oft genug lobend vor; und wir verachteten sie.

Ein ähnliches Verhältnis wie zwischen den Humanisten und uns herrschte zwischen unseren a- und b-Klassen. Mit über tausend Schülern das größte Gymnasium der Stadt, mußte unser Pennal von den einzelnen Jahrgängen oft zwei und mehr Parallelklassen bilden; manchmal ging es bis »d«. Für diese Einteilungen bot sich die Trennung nach den Glaubensbekenntnissen an. Seit altersher waren die a-Klassen die protestantischen, die b-Klassen die katholischen; was dann noch kam, war gemischt, Fehlfarbe sozusagen. Die b-Klassen konnten den a-Klassen zumeist als Muster an Fleiß und Betragen vorgehalten werden; in der b-Klasse gäbe es das nicht, und jenes käme nicht vor, hieß es; und so schien es Sache und Eigenart der Konfession, ob und wo gelernt und aufgepaßt wurde oder nicht.

Unsere 3 a war also ebenfalls protestantisch, ausgenommen den anglikanischen Correl, den freireligiösen Eté und den Juden Stern. Diese drei waren fein heraus; denn sie durften in unserer Religionsstunde fehlen und bekamen ein Ausweichzimmer zugewiesen, wo sie sich nach Herzenslust mit Kreide beschmeißen konnten. Hierum beneideten wir sie, dies machte ihre Sonderstellung aus; im übrigen galten sie als Gleichgesinnte.

Der Krieg begann gleich neben unserem Schulzimmer. Das den modernsten Erfordernissen entsprechende neuerbaute Gymnasium hatte man nämlich wenige Tage nach Kriegsausbruch zur Kaserne gemacht. Schon waren die weißen Wände ganz zerkratzt, die schwarzen Zimmertüren mit Zetteln verklebt. Es roch. Manche von den Oberklässlern, die wir Kleinen noch im Juli ob ihrer modernen, randfreien Zwicker bewundert hatten, standen jetzt im September mit geschorenem Kopf und Schießbrille in den breiten Gängen stramm und schliefen als Soldaten in den nämlichen Schulzimmern, in denen sie es vorher als Schüler getan hatten. Außen am Türschild hieß es noch messingumrandet »9 a«, innen aber stand schon: 4. Kompanie. Auf manch einer Wandtafel fand sich noch eine mathematische Formel oder eine schwierige Wendung der französischen Grammatik, unausgelöscht. So schnell war es gegangen.

Wir Pennäler wurden in den paar Sälen des Nordbaus zusammengedrängt, in denen früher nur Zeichen-, Physik- und Chemieunterricht erteilt worden war. Die 3 a hatte einen Raum an der Straßenseite bezogen; draußen über der Schulmauer sahen wir Strohhüte und Haarschleifen, Regenschirme und Pickelhauben entlangwandern. Ihre Schatten streckten sich innen an der Wand über die Regale hin, in denen der Gipskopf Schillers, ausgestopfte Vögel, ein Raupenhelm, Leuchter und Totenschädel nebeneinander standen: die Modelle eines neuzeitlichen Unterrichts im Freihandzeichnen. Der

Zugang zu diesen Klassenzimmern geschah durch ein Seitenpförtchen über die Hintertreppen, die ehedem den Physik- und Chemieprofessoren allein gestattet waren. Nunmehr war es uns strengstens untersagt, Haupteingang und Haupttreppe zu benützen, denn wo wir vom Jahre 1912 bis zum Jahre 1914 unsere Füße abgestreift hatten (Carpe diem und Salve stand da in Mosaik im Boden), da wachte nun ein militärischer Posten.

Trotz des Verbots trieb sich die 3 a in den Kriegsrevieren herum. Was war das auch: ein militärischer Posten? Es war der Koch von der alten 9 a oder der Bürklin von der 9 b oder sonst einer, den wir kannten und noch duzten in alter Pennalgemeinschaft. Das änderte der Krieg nicht.

»Schwingt euch«, sagte so einer höchstens, und wir klopften dann am nächstbesten Mannschaftszimmer, fragend, ob vielleicht der Herr Professor Epple da sei? Meist hatten wir Glück, wurden brüderlich empfangen, machten Spieße nach zum Gaudium der Stubenkameradschaften, probierten Koppeln an und baten den Unteroffizier, er sollte uns doch mitnehmen als Meldereiter oder so was. Dann bekamen wir Kommißbrot geschenkt.

Bei einer dieser Patrouillen liefen Trall und ich einem Leutnant in die Hände. Er donnerte uns mächtig an, ob wir nicht wüßten? Als aber Trall den Finger hob und anfing: »Entschuldigen, Herr Professor«, da mußte er lachen, packte uns beim Haar, schob uns eigenhändig über die Grenze und schenkte jedem zum Abschied eine Handvoll ausgeschossener Patronenhülsen. Sie waren sehr beliebt als Bleistifthalter und zum darauf Pfeifen.

So erging es uns mit dem Militär, denn was wollte es mit einer 3 a auch anfangen? Mittelarrest ging nicht. Und ins Rektoratszimmer gehen und uns anzeigen, konnte das ein Leutnant? Das konnte nur ein Lehramtskandidat. Darauf bauten wir.

Marzella

Am Nachmittag hätten wir uns alle treffen sollen zum Deutschballspielen, aber in unserem Nachbarhaus hatte die Marzella ein Rad gekriegt, und ich hatte versprochen, ihr das Fahren beizubringen. Das Versprechen mußte ich jetzt halten.

Denn Marzella war zehn Jahre, braun und brav, und es war höchste Zeit, daß sie es lernte.

Ich war mir nicht ganz klar, wie ich es ihr beibringen sollte. Ich konnte es schon so lange, und dann hatte ich es auch auf dem Lande gelernt, wo es im Schuß den Berg hinunterging, man mußte nur die Schneid haben. Ich hatte es so gelernt: auf den Großvateraufstieg treten, die Lenkstange halten und den Berg hinunterbalancieren; als ich das konnte, gab sich das andere von selbst.

Aber bei den Mädchen ging das natürlich wieder nicht; und es war ja auch weit und breit kein Berg da in der Stadt.

Deshalb hielt ich das Rad, Marzella mußte sich auf den Sattel setzen, und dann brachte ich das Ganze in Bewegung.

Sie hatte Angst und wollte ständig ihren Rock herunterziehen, anstatt zu treten. Da neigte sich natürlich das ganze Gewicht auf mich.

»Schau einmal zu«, erklärte ich und fuhr ihr was vor. Ich zeigte ihr auch gleich, wie man im vollen Saus beide Beine über die Lenkstange legen kann; ich zeigte ihr den Sprung-Rennaufstieg; ich fuhr freihändig.

Aber als wir dann wieder anfingen, war es doch dasselbe. »So tritt doch!«

Aber statt dessen zog sie wieder am Rock.

Da sah ich, woher das Ganze kam: Marzellas Mutter stand hinter einem Fenster und schaute zu. Mich überkam männlicher Zorn; ich schob die brave Marzella auf dem Rad, was ich laufen konnte und ließ dann los. Sie tat einen Schrei, machte eine plötzliche Innenwendung und flog ordentlich hin.

Das Fenster ging auf und die Mutter rief: »Mockerl, reingehen!«

Ich richtete das Rad auf und schob es bis zur Haustür. Mädchen mit solchen Müttern konnte man schließlich nichts beibringen.

Wehrkraft

Im Oktober jenes Jahres vierzehn traten acht von der 3 a bei der Wehrkraft ein. Wir versprachen uns viel davon für unsere Lust zum freien Umherstreifen, für unseren Ehrgeiz, unseren Kameradschaftsgeist, für unseren Hang zum Romantischen, zu Abenteuer und Heldentum.

Nicht daß wir es so klar gedacht oder gefühlt hätten: wir wollten einfach etwas tun, und es gab da ein Buch, das lenkte unsere Begeisterung zur Wehrkraft hin.

Dieses Buch erzählte, wie im Jahre 1899 sich die kleine britische Stadt Mafeking (Südafrika) in den damaligen Kriegsumständen von einem großen Burenheere eingeschlossen sah. Die Stadtbesatzung unter ihrem General Baden-Powell war gesonnen, der Belagerung gleichwohl zu trotzen, hielt eine Feuerlinie mit ganzer Mannschaft aufrecht und überließ alle Etappendienste der ansässigen männlichen Jugend waffenunfähigen Alters. Die hervorragenden Leistungen dieser Knaben ließen den General in Friedenszeiten eine Organisation aufbauen, die alle Jugend friedlich auf das hinlenken sollte, was in Mafeking geleistet worden war.

Die Grundzüge seines Systems veröffentlichte der General im Jahre 1908 in dem Handbuch »Scouting for Boys«, das alsbald Millionenauflage erlebte und unter dem Namen »Pfadfinderbuch« auch ins Deutsche einging. So entstanden über die ganze Welt hin »Scout Patrouillen«, dem Geist der Knaben von Mafeking nachzueifern.

Es war dieses Buch aber auch ein Knabenbuch wie keines, von der Abenteuerphantasie eines Karl May wie von der Sehnsucht zum Helden Siegfried erfüllt, es war Robinson und Till Eulenspiegel, Columbus und Odysseus, es war jugendstolz und dienstwillig zugleich, es war praktisch. Mit dem Zeichen der Scout Boys, der Pfadfinder, geschmückt, mit der Pfeilspitze und dem Worte »Be prepared«, zu deutsch: »Allzeit bereit«, enthüllte es »Die Art, seinen Schuh mit einem Griff zu schnüren, sein Zelt zu bauen und sein Brot zu backen«. Es erzählte, »Wie ein Mörder durch die Entschlossenheit eines Knaben entdeckt und ergriffen wurde«, es lehrte Spuren lesen und Schlüsse ziehen, das Anschleichen bei Nacht und die Mittel, Schlangenbisse unschädlich zu machen. Wie man ein Pfadfinder wird und was man dazu alles tun und lernen muß: Ritterlichkeit und Kameradschaft, Schnellfüßigkeit und Ausdauer. Das Spiel von der Polarexpedition, der sibirischen Menschenjagd und dem Hinterhalt an der Wasserstelle, das alles war in diesem Buch.

In unserer Stadt war es zuerst im Realgymnasium lebendig geworden, es bildeten sich der erste, der zweite, der dritte Pfadfinderzug. Aus England kamen die ersten breitrandigen Hüte, die kniefreien Khakihosen, die flanellenen Hemden mit buntem Halstuch. Die ganze Tracht atmete Südwest, ließ an Steppe und Busch denken. Wer Pfadfinder wurde, leistete den Eid, sich des Alkohols und des Nikotins zu enthalten und jeden Tag eine gute Tat zu tun. Und es wuchs das Zeichen des Pfeiles. Schon warf sich eine große Berliner Firma ganz auf die Herstellung der erforderlichen Ausrüstungsstücke.

Da fiel es unseren Erziehungsbehörden ein, die bayerischen Pfadfinder aus der Bewegung herauszulösen, sie in Volks-, Fortbildungs- und Mittelschulzüge zu gliedern, eine Geschäftsstelle zu errichten und das Ganze unter bestimmten Satzungen als Verein eintragen zu lassen. Der Prinzregent stiftete an Stelle des Pfeiles »Allzeit bereit« eine dicke runde Medaille mit seinem Bildnis und der Umschrift »Pflege der Jugend schafft rüstiges Alter«. Die Tracht wurde abgeschafft; an Stelle der Südwester trat die Mütze, für die leichten Khakianzüge kam das grüne Loden mit hochgeschlossenem Kragen und bedeckten Knien, Lieferung durch einheimische Firmen. Eine Neuauflage des Pfadfinderbuches wurde unter anderem Titel herausgegeben; an Stelle der englischen Holzschnitte standen in der »verbesserten Auflage« Turnerbilder. An Stelle der Unterweisungen, »Wie ein indischer Zigeuner die Schakale anlockt«, waren »Regeln der Disziplin« getreten. Zum Schluß strich man das Wort »Pfadfinder« und taufte es um in »Wehrkraft«.

Diesen Zustand fanden wir von der 3 a nun vor. Ich war den Dreizehnern beigetreten, weil mein Bruder, der seit August die grüne Wehrkraftuniform mit der feldgrauen vertauscht hatte, auch Dreizehner gewesen war. Mehr noch aber lockte mich der Ruhm, einem Zuge anzugehören, der im Dauerbesitz eines begehrten Wanderpreises war, des bronzenen Löwen, der gleich einem Briefbeschwerer auf einer langen Stange hockte und wie ein römischer Adler von seiner Legion von uns zu allen größeren Übungen mitgeschleppt wurde. Er war sehr schwer.

Den Zug XII zeichnete dagegen der Umstand aus, daß sein Feldmeister – so wurden die erwachsenen Führer gerufen – Professor für Naturkunde am Realpennal war und den Schülern, die seinem Zuge angehörten, bessere Noten gab. Jeder konnte sich also beim Eintritt ganz klar entscheiden, was er wollte: den Löwen oder die gute Note für Naturkunde.

Alle Samstage, bisweilen auch die Sonntage, gingen wir nun zur Übung. Wir hatten Brotbeutel und Spaten, Seile, Pfeifchen, Zelte und Geländekarten. Wir lernten die Wickelgamaschen allmählich so anziehen, daß sie nicht mehr rutschten, und krochen unbekümmert durch Laub und Äcker. Wir begriffen erst wenig davon, wie man seinen Standort inmitten der Striche, Schattierungen und Malkastenflecke einer Generalstabskarte finden könne, auf dem ersten i von Martinsried, und daß das eine Schneise war am Rande des nun ganz in Übungsgelände verwandelten Waldes, aber wir hatten schnell weg, was Spinat, Zylinder, Gocks, Kohldampf, Stuß, zünftig und zeam bedeuteten und sangen mit den Großen beim Heimmarsch »Mein Sohn heißt Waldemar, weil es im Walde war, eijeijeijuck Marie, holde Marie.«

Wenn uns zur Wehrkraft auch nur die freie Lust jugendlicher, selbstgewählter Gemeinschaft zog: sie erzog uns doch auch. Es war gut zu wissen, wie man es warm bekam im Heulager, wie das Feuer gelang im Regensturm, wie man sich verträglich hielt mit den Kameraden, wie sich etwas dennoch durchsetzen ließ; viel Menschliches und viel Praktisches erfuhren wir, ohne daß dies ein Lehrplan vorgesehen hätte. Ja, aus dem Unvorhergesehenen erst wurden wir selbständig.

Gegen Weihnachten

Seit dem September hielt ich einen Gummistempel bereit:

Heute ist Paris gefallen.

Ich wollte Extrablätter damit drucken und ein Geschäft machen.

Aber der Winter kam, im Pennal wurde schon lange geheizt, die silbernen Warmwasserschlangen atmeten trockenen Staub aus, und Paris war immer noch nicht gefallen.

Der Pedell, Pudel gerufen, ein Veteran der Leibmusik von 1871, Bombardon sein Instrument und Himmelkreizstaudenelement sein Lieblingswort, kündigte wiederholt bei der 3 a einen Aufruf vom Roten Kreuz an: »Die Schüler werden aufgefordert, ihre Eltern zur Abgabe von Socken, Fußlappen und anderen Liebesgaben zu veranlassen. Gedenkt unserer braven Feldgrauen!« Die Frau Griesbeck verkaufte Feldpostschachteln.

Auch bei mir daheim bereitete man eine Masse von Paketen vor. Meine Schwester strickte schon lange heroisch seufzend an einem Paar Socken für den Bruder, der als Leutnant an der Marne stand. Und mir fiel die Aufgabe zu, poetische Begleitschreiben zu verfassen. Solche Grüße aus der Heimat, hieß es, erfreuten unsre Feldgrauen ganz besonders.

Da ich die Geburtstage meiner Eltern seit dem 8. Lebensjahr regelmäßig besang, gerieten sie mir leicht, Vierzeiler wie diese:

Kriegsweihnachten! Blutig Ringen,
Um die Feinde zu bezwingen.
Blut statt Christbaum, Krieg statt Frieden,
Oh, welch Elend doch hienieden!

Zu solchen Reimen bot Adalbert Ipfelkofers deutsches Lesebuch für die dritte Klasse der bayerischen Mittelschule prächtige Vorbilder. Denn Dr. Ipfelkofer, Studiendirektor des Kadettenkorps, hatte die Kriegs-Neuauflage seines Buches den Ereignissen und Stimmungen der großen Zeit gebührend angepaßt, soweit, wie er im Vorwort bemerkte, »sprachstilistisch, sachlich, ethisch und ästhetisch mustergültige Darstellungen für die Altersstufe der Zwölfjährigen vorhanden waren«.

Wir waren nicht wählerisch und frühreif, schieden nicht nach gut und schlecht bei unserer Lektüre; aber wir wollten gefesselt werden und begehrten vor dem Allzukindlichen auf. Nach unseren Lieblingsbüchern gefragt, hätten wir nebeneinander Schiller und Karl May, Gustav Freytag und »Robinson«, Wilhelm Busch, Jules Verne, Mark Twain, »Räuber«, »Lederstrumpf« und Grimms Märchen, Lichtenstein und E. T. A. Hoffmann, »Wallenstein«, »Immensee«, die Apokryphen der Bibel und »Die roten Freibeuter« aufgezählt. Wenn aber irgendwo aufgedruckt war: »Für die Jugend nacherzählt«, dann wurden wir mißtrauisch; die ganze Schülerbibliothek schien uns nacherzählt; deshalb mieden wir sie wie ein großes Ipfelkofersches Lesebuch.

Jeder begann für sich seinen Weg zum Buche. Ich fing damals an, daheim die Klassiker zu lesen, denn die waren nicht abgesperrt; sie galten wohl als ungefährlich. Sie zeigten in alphabetischer Folge ihre goldenen Namen auf freien Regalen, während Frenssens Hilligenlei, Hauptmann Ketzer von Soana und Tolstois Kreutzersonate, neben vielem anderem »noch nichts für dich«, hinter Glas verschlossen dem legalen Zugriff entzogen blieben.

In einer bei uns sonst seltenen Ehrfurcht scheute ich mich, die farbig meist sehr gedämpften, wohlgeordneten Klassiker-Bände beliebig anzuzausen; ich begann vielmehr gesittet bei A (Arnim) und endete ausdauernd bei Z (Zschokke), noch ehe die Zeit des Stöberns wieder da war. Denn gerade die unverschlossenen Klassiker brauchten es, das Wegtragen in Waschkörben und das Ausklopfen.

Je gebändigter wir nun freilich den Büchern anhingen, desto ungebärdiger fand uns die Schule. Beim Chamisso waren mir noch die Bemerkungen zur hawaiischen Grammatik eifrigen Studiums wert; die unregelmäßigen Verben bei Landgraf aber fielen in meiner Anteilnahme sehr dagegen ab.

Im Eifer, etwas anzustellen, unserer damaligen Form von Tätigkeitsdrang, tat sich bald der, bald jener hervor. Nicht immer bestritten nur der freche Bohl, der schnappige Dentz, der verwegene Zauss, der leichtsinnige Eté, der heuchlerische Trall das Bedürfnis nach Abwechslung: oft trat einer hervor, von dem wir es gar nicht erwartet hatten, irgend ein Muttersöhnchen oder ein Streber, und ließ überraschende Taten sehen. Wenn einer, der bisher immer die schlechtesten Noten gehabt hatte, plötzlich einen Einser nach dem anderen schrieb, das wunderte uns nicht so sehr: er konnte gespickt oder sonstwie Glück gehabt haben. Wenn aber der Prügelknabe Ralf Friedrich auf einmal als einer herauskam, der alle Schlüssellöcher zu den Schulzimmern mit Papier verstopft hatte, das blieb überraschend. Und so streckte aus der Masse der Siebenunddreißig bald der, bald jener eine schullästernde Fratze hervor.

Für die große Sache im Dezember 1914 war es der Martin Peter. Niemand kümmerte sich sonderlich um ihn, denn er war in dem lächerlichen Orte Kleinkötzau geboren und mußte oft mit seiner alten Dame und seiner kleinen Schwester spazieren gehen. In Begleitung der Mutter oder gar einer Schwester in den Straßen der Stadt angetroffen zu werden, galt jedoch als sehr verächtlich.

Dennoch brachte gerade dieser Peter die 3 a auf eine gute Idee, die alsbald zur Ausführung kam. Eines Morgens schlichen sich Zauss, Wandermann und Correl eine halbe Stunde vor Unterrichtsbeginn in den Zeichensaal ein, der unserer 3 a seit September 1914 als Klassenzimmer diente. Dort waren die Schulbänke nicht wie früher am Boden angeschraubt, sondern frei gestellt, weil das Rektorat nicht wußte, wie lange dieser vorläufige Zustand dauern würde. In emsiger, schweigsamer Arbeit drehten die drei Beauftragten nun eine nach der anderen von diesen Bänken um, so daß sie mit der Lehne gegen den

Katheder, mit der Stirn gegen die Wand schauten.

Die Klasse versammelte sich dann um 8 Uhr wie immer auf ihren Plätzen, nur eben den Blick zur Wand gerichtet.

»Lämmergeier« trat ein, wir rumpelten auf in den verdrehten Bänken, das Ganze kehrt, Blick zur Wand. Wir sahen Lämmergeiers Gesicht nicht, aber wir konnten uns vorstellen, wie er sich über den geschorenen Schädel fuhr, vom Nacken her aufwärts, gegen den Strich. –

Schneidend tönte seine Stimme, als käme sie aus der Nase, wo sie am schärfsten war:

»Meint ihr vielleicht, ich laß mich von euch zum Hanswurschten machen? Mir solls recht sein, wenn ihr mit den Schulkonflikten in Gesetz geratet. Macht nur so weiter! Im Zuchthaus sehen wir uns wieder!«

Wir hörten ihn, mühsam an uns haltend, hastig schnupfen und das Zimmer verlassen.

»Jetzt holt er den Rex«, sagte Bohl, so, als verkünde er uns eine große Freude. Wir halfen alle zusammen, um die Bänke wieder umzudrehen. Denn der Weg zum Rex war weit, wenn man nicht durch die verbotenen Kriegsreviere ging; Lämmergeier ging sicher außen herum. So gelang es uns tatsächlich, alles in Ordnung zu bringen, ehe der Rex eintrat, von Lämmergeier gefolgt.

Der Rex trat vor uns hin und sah uns lange an. Er sah uns nicht in die Augen, sondern da hin, wo er wahrscheinlich unser Gewissen vermutete und in ihm den letzten Rest von Anstand, etwa zwischen Kragenknöpfchen und Westenausschnitt. Dann sagte er mit ganz leiser Stimme: »Ach, ihr ärgert mich aber«, und noch trauriger wiederholend:

»Ach, die 3 a ärgert mich aber.«

In der Universität

Im März 1915 waren die Zustände in unserem Pennalgebäude unhaltbar geworden, meinte das Rektorat. Das Militär belegte weitere Räume, in den Vorplätzen parkten die Maschinengewehre, an den Ausgängen des Gebäudes trieben sich Mädchen herum. Das Spicken in den zu kleinen Schulräumen nahm überhand. Wir saßen so eng, daß der Spieß es nicht hindern konnte, wenn bei den Schulaufgaben jeder sein Blatt teilnehmend mit des Nachbars Blatt verglich. »Mit Gott und des Nachbarn Hilfe«, unter dieser Devise hoben sich die Leistungen der 3 a ganz erstaunlich.

Diese uns wohlgefälligen Kriegsmißstände auszurotten, verschaffte der Rex, »dank dem großen Entgegenkommen der Universitätsbehörde, der auch an dieser Stelle der verbindlichste Dank ausgesprochen sei«, einem Teil seiner Klassen Aufnahme im Universitätsgebäude der Stadt. Es gab zunächst einmal acht Tage frei; dann zogen wir im Haus der Marmorsäulen und der Hörsäle ein.

Die Universität glich damals, im Frühjahr 1915, einer Hochburg alternder Amazonen, denn es fehlten die Studenten. In der Gegend des archäologischen Seminars zeigte sich Männliches, jedoch nur in Gips; die Linoleumgänge bevölkerten langberockte, häufig auch bebrillte und bezwickerte Frauenzimmer, die zum weiblichen Kriegsdienst der Wohltätigkeit zu alt und zu gescheit waren. Die wenigen noch lesenden Professoren bekamen wir selten zu Gesicht; nur das ansteigende Klagegeheul eines reservierten Aufzuges deutete öfters an, daß irgendeiner transportiert wurde.

In diesen Geschlechterfrieden drangen wir ein wie die Hunnen in das Nonnenkloster Frauenchiemsee. (Das hatten wir gerade gehabt.) Zwar waren uns genauestens die Wege und Örtlichkeiten vorgeschrieben, auf denen allein wir uns zu bewegen hätten. Wie es im Warenhaus heißt »Kasse acht«, so befahl man uns »Abort zehn«. Strengstens untersagt war ferner die Benützung des Büffets, das Laufen und laute Sprechen, das Spucken in die Spucknäpfe, das

Schauen aus den Fenstern, das Ansprechen der Studierenden. So war alles schön beisammen, was zu tun nun gerade Ehrenpflicht der 3 a schien.

Daß wir uns in dem großen Gebäude immer wieder verliefen, war allenfalls glaublich. Wir verliefen uns trotz der vom Rektorat angebrachten Richtungspfeile, um in einsamen Gängen komisch bemützte Porträts zu beschauen oder die Schilder zu lesen, als da sind »Quästur, Dekanat, philosophische Fakultät II«. Statuen, die mit Schlangen spielen, Kinder hochheben, zu Boden sinken, unterzogen wir einer genauen Prüfung, versuchten sie zu rücken und nahmen ihnen angestückte Teile ab. Hinter Säulen kauernd huhuten wir die buchversenkten alten Jungfrauen an, die sich studierend ergingen; unendlich war das Feld zur Verstopfung von Schlüssellöchern.

Den ersten richtigen Krach mit der Universität gab es wegen einer »Kabinettssitzung«. Ich hatte mir mit Trall, mit dem ich immer Patrouille ging, die Erforschung aller Lokalitäten in allen Stockwerken und für alle Bedürfnisse zur Aufgabe gemacht. Mit Erfolg suchten wir an verschlossenen und reservierten Türen verschiedene Schlüssel, kontrollierten die Spül- und Sparwaschvorrichtungen (in dieser Zeit wuschen wir uns öfter denn je), machten die aufgehängten Handtücher klitschnaß und entfernten die Papierrollen.

Bei solcher Tätigkeit nun, auf den nach oben offenen Kabinettchen herumkletternd, erblickte Trall einen Geheimrat und dieser ihn, weil er gerade dummer- und merkwürdigerweise seiner Beschäftigung mit zum Himmel gerichteten Blicken obsaß. Sie blickten sich beide voll an, Trall und der Geheimrat. »Wie ein Pavianmännchen sah er aus, wenn es zum Sprung ansetzt, haarig, mit lebhaft gefärbten Gesäßschwielen, wie aus dem Naturkundebuch«, so schilderte Trall später den Geheimrat.

Aber auch von Trall, der, wenn auch einen verblüfften Augenblick nur, herabäugte, hatte der Geheimrat einen deutlichen und lebhaften Eindruck empfangen. Denn obwohl wir abschoben, noch ehe die Kette (System Engesser) rasselte, fand dieser Pavian den Trall, alle Klassen abschreitend, heraus und überantwortete ihn, der das Menschlichste in der Wissenschaft erschaut hatte, einer exemplarischen Bestrafung. Ich kam unerkannt davon.

Sonst hatten wir eigentlich immer Schwein. Die Büffetmädchen, bei denen wir verbotenerweise Brötchen futterten, hinter den Schanktisch geduckt, hätten uns eher unter ihren Röcken verborgen als den Aufsichten ausgeliefert, die nun zahlreicher durch die Gänge marschierten. Diese Büffetmädchen wandten alle ihre Neigungen, die sie den pfauenstimmigen Amazonen nicht zollen konnten, uns zu; wir waren wenigstens als Männer angelegt und gar nicht mehr so dumm. Sie hießen Lina, Minna, Marie, Sophie, diese weißgekleideten Dienerinnen der Kriegssemmeln und des italienischen Salates, und es zeigte sich deutlich, wie die Blonden unter uns zu den Schwarzen, die dunkelhaarigen aber zu den Hellköpfigen der Mädchen sich hingezogen fühlten.

Leider dauerten unsere Beziehungen nicht sehr lange, denn es erwies sich bald als ebenso unhaltbar, die 3 a in der Universität zu haben wie in der kriegerischen Enge des kasernierten Pennals. Den Ausschlag gab dann schließlich die Geschichte mit der Uhr.

Die Uhren der Universität, die an den Rückwänden jedes Hörsaals mit freien Zeigern auf geschmiedeten Zifferblättern kreisten, waren sehr beliebt. Denn nun erübrigten sich die schriftlich und mündlich während des Unterrichts an Stern, an König oder wer sonst schon eine Uhr trug, gerichteten Fragen: »Schlägts noch nicht bald? Schon dreiviertel? Noch nicht aus? Wieviel Uhr?« Es genügte nun, den Kopf zu drehen, was wir unverschämt häufig taten. »Vorn ist der Feind«, pflegte das der Epple zu tadeln, indem er auf sich selbst hinzeigte.

Diese Uhren wurden von einem Zentralwerk aus elektrisch betrieben, und so richteten sich auch die Spieße vertrauensvoll nach der von unsichtbarer Hand Minute um Minute vorgeschnellten Zeit. Ja, sie waren darauf angewiesen, die Spieße, auf diese Uhren an der Wand, denn man fing an, wegen Lehrermangel die Unterrichtsstunden zu rationieren. Erst galten 50, dann 40 Minuten einer Stunde gleich, und man mußte immer genau überlegen, wo das Latein von der ersten in die Geschichte der zweiten Stunde überging. Dann machte die Pause wieder Kopfzerbrechen; besonders Schusser, der Mathematiker, lernte es lange nicht: kam bald zu spät, bald zu früh und verhandelte dann in mürrischem Schwäbisch mit dem Herrn Kollegen. Es war eine Inflation der Zeit, und wir hatten davon den Nutzen.

Es verlockt aber so eine angebrochene Stunde wie ein angebrochenes Stück Geld zu weiterer Verschwendung; und so kam die 3 a auf den Gedanken, diesen Kurz- oder Kriegsstunden noch weitere Minuten abzuzwacken. Als der Größte der Klasse und mit einem Wandtafellineal versehen, erreichte ich bequem das schutzlose Zifferblatt unseres Zimmers, schob darauf, dem jeweiligen Klassenbeschluß entsprechend und wenn es der Lehrerwechsel gerade günstig erscheinen ließ, die Zeiger um 5, 10, 15 Minuten zu unseren Gunsten vor, und so glückte uns manch schöner zeitlicher Gewinn. Wie doch die Zeit verginge und wie man denn das Pensum bewältigen solle, jammerten die Spieße.

»Haller, schieb!« hieß es auch an jenem Tag, als es den Knack tat, so einen metallischen kleinen Laut wie wenn es eine elektrische Sicherung heraushaut. Ich wußte sofort: da ist etwas passiert und schob vorsichtshalber den Zeiger wieder auf den Platz, der ihm in Mitteleuropa zukam.

Alsbald begann ein großes Gerenne im Haus, es wurde auch an unserer Türe geklopft, und im Gefolge des Rex trat einer ein aus dem Kellergeschoß der Universität, ein ältlicher, bös aussehender Mannszwerg im blauen Monteuranzug.

Der sagte: »Einer hat da was gemacht, gar kein Zweifel nicht, an der Uhr.«

»Ach, der ärgert mich aber. Der soll sich aber gleich melden«, klagte leise der Rex.

Wir begriffen sehr wohl, daß der Verdacht, »etwas gemacht« zu haben, auf die Realpennäler und insbesondere auf die 3 a fallen mußte; denn ältliche Amazonen und Geheimräte machen nichts mehr, und sonst war niemand da im Hause.

Trall hob den Finger.

»Da hab'n w' schon«, frohlockte der Zwerg.

»Ja gar nicht wahr«, schnurrte Trall, und bescheidener zum Rex gewendet: »Herr Oberstudiendirektor entschuldigen, um was handelt es sich denn?«

»Das wißt's ihr ganz genau«, schimpfte der Zwerg.

»Ach, so lassen Sie doch«, verbat sich der Rex die Einmischung.

Ich traute mich kaum, den Trall anzusehen, so frech war das, vor dem Seelenblick des Rex das Gesicht der Unschuld durchzuhalten.

»Ich will den Betreffenden nicht strafen, aber er soll gleich zu mir herausgehen, ach, er hat es nicht verstanden, was er tut, der Arme«, besprach uns der immer leisetraurige Rex.

»Aber an die drei- vierhundert Mark'ln werdens alleweil, das kost's schon, da muß einer von Berlin her«, ergänzte kräftiger der Universitätszwerg.

»Wir sind hier Gäste. Wir genießen das Gastrecht der Universität. Es ist eine schändliche Verletzung des Gastrechts, wenn in einer unserer Klassen derartiges vorfällt. Unter solchen Umständen müssen wir das schöne Universitätsgebäude wohl wieder verlassen.« Mit viel Schmerz drang der Rex wiederum so auf uns ein.

»Entschuldigen, Herr Oberstudiendirektor, aber wir haben doch gar nichts gemacht«, beteuerte Trall im Namen der 3 a.

Da mußten der Rex und der Zwerg endlich

wieder herunter vom Podium; diesmal schien die 3 a wirklich nicht schuld.

Zur Klasse gewendet sprach Trall, als sie draußen waren: »Heute nachmittag kauf ich meiner Frau ein Hütchen.« Und im Chor wiederholten wir: »Heute nachmittag kauf ich meiner Frau ein Hütchen.« Eine wörtliche Bedeutung kam diesem Satz nicht zu. Er war vielmehr der Ausdruck für: »Das hätten wir wieder einmal«, ein geheimer Kampfruf der 3 a.

Epple kam hereingehetzt. »Also Ruhe jetzt!« Legte sein kindliches Wachstuchmäppchen auf den Katheder, faltete die Hände und befahl: »Laßt uns beten!«

Während des Gebets dachte ich, wie dumm es war vom Zwerg, daß er gesagt hatte, das kostete soviel und vom Rex, daß er uns in Aussicht stellte, wir müßten die Universität wieder verlassen. Sonst hätte ich mich vielleicht gemeldet; aber wer kann das seinen Eltern und seiner Klasse antun?

Dem Trall jedoch druckte ich zum Dank auf meiner kleinen Kinderpresse Visitenkarten

Walter Trall Realgymnasiast

Brauchte er sie nicht, so beglückten sie ihn doch. Und verdient hatte er's.

Wann immer wir aber am Guckfenster des Pedells vorbei das Haus der Tafeln und Kreiden hinter uns ließen, zerstreuten wir uns wie Streichhölzer, die aus der Schachtel fallen. Aus der 3 a wurden Radler, und mit verschiedenartigen Glocken und Sirenen klingelte sich auch diese Einheit auseinander; mit dem Bein um die Ecke schleifend der Correl; Zauss, den Deutschballschläger wie eine Turnierlanze eingeklemmt, freihändig geradeaus; Stern, rückwärtstretend, seine modische Übersetzung zu zeigen, angeschubst vom fähnchengezierten Kramer-Rad. Aus der 3 a wurden auch Fußgänger, steuerten quer über den Bauplatz. Zur Trambahn hinunter teilten sich die von der inneren Stadt; mit Ludwig ging ich, bis wir uns trennten an der alltäglichen Ecke. In den Pfeiler der Mauer da haben wir Freunde einen schwarzweißroten Federhalter hineingetrieben; so lange er sich hält in der verborgenen Fuge, wird unsere Freundschaft dauern.

So kommt ein jeder heim. Daheim sein aber ist allein sein, und jeder muß für sich selber darüber nachdenken: was soll ich tun?

Wenn ich allein war, als ein Zwölfjähriger, dann schrieb ich. Es mag mancher so geschrieben haben, aber wir wußten es noch nicht voneinander. Wir gingen da mit anderen Gesellen um. Meiner hieß Friedrich Schiller.

Meine Bekanntschaft mit Schiller läßt sich auf jenen Tag zurückführen, an dem ich nach bestandener Aufnahmeprüfung ins Pennal eintrat und in unserem Hause deshalb ein eigenes Arbeitszimmer bezog. Für dieses Zimmer stiftete mir die Großmutter Onkel Adolfs alten geschnitzten Bücherschrank mitsamt den »Fahrten der Fregatte Novarra«, des guten Schiffes, darauf Onkel Adolf so manchen Kurs als Arzt gefahren war. Diesen Bücherschrank giebelte ein kunstvoller Aufsatz anschleichender Tritonen; sie schlichen von hüben und drüben vollplastischen Büsten von Jungfrauen zu, die, in lieblicher Verrenkung und mit ersichtlich nassen Hemden bekleidet, ein großes Oval stützten. Diesem Oval entwuchsen Hals und Kopf eines schönlockigen Jünglings, Schillers, wie Großmutter mich belehrte.

Der Jüngling Schiller sah lange auf mich herab, ehe ich mit Bewußtsein zu ihm emporsah und in dem braunen Schnitzwerk den Dichter der »Laura am Klavier« und sonstiger Werke in zwölf Bänden zu verehren verstand. Dann freilich blieb es mir eine Herzenssache, ihn so erhöht zu sehen, gleich unter dem Bild des Kaisers; die kleinen Flaggenständer mit den deutschen und österreichischen Farben, die ich auf dem Schranke gruppiert hielt, galten mehr meinem, dem größten aller Dichter als dem Kaiser. Über solcher Ehrung konnte es leichter verschmerzt werden, daß ein mir weniger vertrauter Goethe in vierundvierzig Bänden mit dem zwölfbändigen Schiller rivalisierte.

Als ich nun anfing, eigene Dichtungen in ein bei Frau Griesbeck erstandenes, marmoriertes, steifgebundenes Heft einzutragen, da konnte es nicht anders geschehen als im Namen Schillers. Ich erwarb aus einer Reklameserie »Berühmte Männer« jenes briefmarkengroße Bild, auf dem das rotblonde Haupt, gegen die Linke gestützt, und der bekannte Schillerkragen deutlich zu sehen sind. Dieses Bild klebte ich außen unter das achteckige Heftschildchen; auf dem stand geschrieben:

Albrecht Haller
Gesammelte Werke
I. Band

Denn ich strebte nach dem Höchsten und, um einen Beruf befragt, hätte ich jedwedem geantwortet, ein Schiller wolle ich werden.

Auf der ersten Seite des also geweihten Heftes wiederholte ich, daß dies der erste Band von Albrecht Hallers gesammelten Werken sei, fügte Adresse und Telefonnummer hinzu, vermerkte meinen Stand eines Realgymnasiasten und datierte endlich mein Beginnen auf die Osterferien 1915. Denn dort stehen wir im Jahre dieser Geschichte.

Bei der verehrungsvollen und begeisterten Absicht, es Schiller gleichzutun, erwies es sich als notwendig, dem ersten Bande meiner Werke ein Inhaltsverzeichnis vorauszuschicken. Denn auch Schiller, wenigstens mein, ebenfalls marmoriert eingebundener Schiller, führte auf Seite eins erst genau das zu Erwartende an, ehe er mit dem eigentlichen Werke begann.

Die reine Einteilung nach poetischen und prosaischen Rubriken, die Organisation der dichterischen Möglichkeiten also, fiel mir leicht. Sie unterschied sich eigentlich kaum von den Grundsätzen, die beim Ordnen einer Briefmarkensammlung zu beobachten waren, und in diesen Grundsätzen war ich wohlerfahren; denn zu ordnen, wo auch immer, ein System aufzustellen, wofür auch immer, das liebte ich über die Maßen.

Ich erinnerte mich auch ein bißchen an Adalbert Ipfelkofers deutsches Lesebuch, als ich den Eintritt ins Literarisch-Schöpferische damit begann, daß ich teilte in römisch eins und römisch zwei. Die Unterabteilungen zu eins lauteten: Erzählungen, Geschichten, Romane, Stimmungsbilder, Dramen, Theaterstücke, Märchen, Fabeln; für zwei sah ich vor: Geburtstagsgedichte, lustige Gedichte, tragische Gedichte, Beschreibungsgedichte. Dies unter Freilassung entsprechenden Raumes niederschreibend, machte ich mich an die Aufgabe, den noch ungeborenen Dichtungen vorsorglich Titel zu geben: Die Urne, Stimmungsbild; Die Banditen, Drama; Dämmerlicht, Novelle; Das grinsende Glück, Roman; Aphrodite, Beschreibungsgedicht; Gedankensplitter. Mir fielen, etwa im Verlauf eines Deutschballspieles, mehr Titel ein, als ich in den freigelassenen Zeilen unterbringen konnte. Schon schwebte mir Band II von Albrecht Hallers gesammelten Werken vor.

Ehe ich an die Ausführung der Themen ging, numerierte ich noch das ganze Heft, und es waren sechsundneunzig Seiten mit je sechzehn Zeilen zu etwa je acht Worten, Platz genug also, wenn man bedenkt, daß eine deutsche Hausaufgabe nur zwei bis drei solcher Seiten umfaßte. Ich rechnete mir aus, daß mir mein Inhaltsverzeichnis rund dreißig deutsche Hausaufgaben stelle, wozu wir in der Schule drei Jahre Zeit gehabt hätten. Ich aber wollte in den Osterferien damit fertig werden, ein großes Unternehmen also. Denn ganz im Geheimen gedachte ich meinen geliebten Schiller mit seinen kärglichen zwölf Bänden zu rächen am vierundvierzigbändigen Goethe, indem ich, der Schüler, es auf ein Vielfaches von Werken brächte.

Der Tisch, an dem ich schrieb, der wachstuchbezogene, war in sechsundneunzig graue Quadrate gewürfelt. Die Übereinstimmung dieser Zahl mit der meiner Heftseiten schien mir bedeutungsvoll. Das Licht fiel zur Linken ein durch das geöffnete Fenster, schräg und gelb leuchtend wie der eben erblühte Osterstrauch. Ich hörte an der Wand zum Nachbarhaus Marzella Klavier üben; ihr Vater ließ Wasser ein und goß den kleinen Garten. Auf der Straße marschierten die Soldaten zum Exerzierplatz, und alle sieben Minuten näherte sich summend eine Trambahn, klingelte, hielt an der Ecke; unvermittelt sich entfernend senkte sie die Stimme und verlor sich in der Ferne. Wenn sie einmal aussetzte, hörte man die übenden Maschinengewehre auf der nahen Römerwiese, und immer trieb der Himmel mit Wolkenpeitschen Flieger gleich schnurrenden Kreiseln herum.

Ich saß über den ersten Band meiner gesammelten Werke gebeugt und dichtete. Schiller neigte den Kopf aus dem Oval, und seine Nase war hell geworden vom jahrzehntelangen Abstauben. Mit einer spitzen Hansifeder dichtete ich in des Heftes zartblaue Lineatur mit dem roten Seitenstrich.

»Neben meinem Bette«, so begann ich in der

Rubrik Stimmungsbilder, »steht die Urne mit der Asche meines Urgroßvaters . . .«

Schon dieser Beginn durfte als reine Dichtung gelten. Nirgends stand bei uns im Haus eine Urne. Allerdings gab es nicht weit von uns einen Friedhof und ein Krematorium, die wegen des sonnigen Spazierganges an der Mauer hin oft aufgesucht wurden. Auch gehörte meine Großmutter dem Verein für Feuerbestattung an.

»Zwölf dumpfe Schläge vom nahen Kirchturm. Der Ruf eines Käuzchens. Unheimliche Ruhe, Mitternachtsstunde. Ich erwache. Pechrabenschwarzes Dunkel umgibt mich. Fester wickle ich mich in meine woll'ne Decke. Da fällt mein Blick auf die Urne. Sie ist nicht verziert, nur die Worte ›Meine Überreste‹ erinnern an die sterbliche Hülle meines Urgroßvaters. Mich schaudert. Da: dumpfes Murmeln. Täusche ich mich? Es kommt von der Urne her. Ein Lichtschein verbreitet sich. Ich schlüpfe unter die Decke, doch der Schein dringt auch durch diese. Mir stehen die Haare zu Berg. Der Angstschweiß tritt auf meine Stirn. War's mir vorher zu kalt, so ist's mir jetzt zu warm. Da eine Stimme: ›Warum verbirgst du dich, Feigling? Kennst du mich nicht?‹ Erschreckt sehe ich wie im Nebel meinen Urgroßvater vor mir stehen. ›Alle guten Geister‹, murmle ich. Ein gräßliches

Hohngelächter. Ein Krach. Ich reibe mir die Augen. Alles ist verschwunden. Dort steht unbeschädigt die Urne mit der Aufschrift ›Meine Überreste‹.«

Meine Großmutter hatte schon ein paarmal zum Abendessen gerufen. Man brauchte doch länger zu gesammelten Werken, als ich anfangs glaubte. Und dann war es so schnell gelesen! Ich las es darum nach dem Essen gleich noch einmal durch und ging dann hochbefriedigt zu Bett. Ich wußte nun: so glücklich war Schiller, als er Laura am Klavier vollendet hatte.

Alle die Ferientage, die von Sonne strahlten, saß ich nun am sechsundneunzigmal quadrierten Tisch fest.

»Jugendliebe, Roman«. »Die Sonne schien heiß vom glühenden Firmament. An dem Wegweiser nach Amandus stand ein schöner Jüngling. Er war sauber, aber ärmlich gekleidet, und dennoch beschien ihn die Sonne mit ihren goldenen Strahlen. Da kam ein Auto die Straße herab. In dem Auto saß ein Mädchen, das etwas jünger als der Jüngling war. Es mochte wohl sechzehn Lenze zählen. Kaum sah sie jenen an der Straße stehen, als sie errötend ihren Kopf senkte.«

Eifrig schrieb ich so.

»Du verhockst«, schalt die Großmutter.

»Wenn du ewig nicht kommst, muß ein anderer Kapitän her«, drohte die Deutschballpartei.

»Was treibst du eigentlich die ganze Zeit?« begehrte Freund Ludwig auf.

Ihm allein konnte ich es erklären; er hatte dafür Verständnis. Denn wie ich ein Schiller, so wollte er ein Beethoven werden, dessen Vornamen er ja trug. Ludwig komponierte, wie ich dichtete. »Die Feder am Sturmhut«, dieser Bruder-Liederlich-Brettlsang von Bierbaum war von Ludwig als eines der ersten Werke »seinem lieben Freund Albrecht« gewidmet.

»Das muß man genauer lesen«, sagte er tief ernst und nahm das Heft der gesammelten Werke nach Hause mit. Denn die Ferien gingen dem Ende zu, und halb voll war es immerhin.

Unter den also entstandenen österlichen Werken fand sich, dem Inhaltsverzeichnis entsprechend, auch das Beschreibungsgedicht »Aphrodite«, in dem die Göttin, gleich dem Urnen-Urgroßvater, zur Mitternachtsstunde an meinem Bette geisterte. Obgleich sie dabei schlechthin nur als hehres Weib, sonst aber nicht genauer geschildert wird, obgleich Aphrodite ihren nächtlichen Besuch nur unternimmt, um mir, der ich unter der Bettdecke schaudre, mit gräßlichem Gelächter zu erklären:

»Dir da, der da im Bette schlafend ruht,
Sagt Aphrodite: ›Schönheit ist das höchste Gut‹« –

trotz des äußerlich Unverfänglichen also, schien mir der Besuch einer heidnischen Liebesgöttin an meinem Bette doch dichterisch recht gewagt. Ich klebte deshalb die Seite dieses Gedichtes mit der nächstfolgenden ein bißchen zusammen, um so vor mir selber als sittlich rein dazustehen.

Denn so unbekümmert ich im täglichen Leben war, in der Kunst herrschte das Ideal. Schiller klebte auf meinen gesammelten Werken und sein hoher Begriff von Laura floß auch in meine Hansifeder.

Als mir aber Ludwig das geliehene Heft wieder gab, war die zusammengeklebte Aphrodite aufgeschlitzt, und es stand darunter geschrieben:

»Großartig. Warum klebst du das zu? Nur so fort! Werde einer von den geistvollen, deutschen Dichtern. Dein Freund Ludwig.« Ich fühlte mich glücklich befeuert, und Aphrodite blieb hinfort aufgeschlitzt.

Die Filiale

Das erste Kriegsjahr ging herum; Deutschland fing an, sich's einzuteilen: Zucker- und Schokoladeguteln sackten zusammen in den dikken Bonbongläsern, der »Heil und Sieg«-Waffelbruch bei der Bäckerin ging aus, und durch viele geleerte Schaufenster sah man ungehindert in den Laden.

Im Juli hatte die 3 a die Schulzeugnisse erhalten, ohne weitere Förmlichkeiten; im September, nach den großen Ferien, trafen sich die siebenunddreißig als 4 a wieder, und es sprach der Chor im Takte: »Heute Nachmittag kauf ich meiner Frau ein Hütchen«.

Mit uns also stand es beim Alten; um uns aber ging Neues vor. Rex, Lehrer und Lehrort hatten gewechselt, und ein neues Fach bekamen wir: Französisch.

Das Fach Französisch, erläuterte unseren Eltern das Rektorat, sei nicht eine ehrlose Liebäugelei mit der Zunge unseres Erbfeindes, es sei vielmehr ein dem deutschen Mittelschulplan entsprechender, rein geistiger Lehr- und Übungsstoff. Der Lämmergeier hatte das im Vorjahr schon einmal viel einfacher so ausgedrückt: »Ja, nicht wahr, wenn die Russen kommen, und ihr könnt kein Französisch, was sollen da die Russen von euch denken!«

Das neue Schuljahr begann nicht mehr in der Universität, weil wir da das Gastrecht mißbraucht hatten; wir kehrten auch nicht in unser angestammtes Pennalgebäude zurück, weil da das Militär die Gastfreundschaft mißbrauchte: wir zogen in die »Filiale«.

Die »Filiale«, als Ableger unseres Hauptgeschäftes, in dem die Soldaten hausten, so genannt, erwies sich beim genaueren Hinriechen als ein altes Krankenhaus. Die ehemaligen Operationsräume waren als Rektorat, die Krankensäle als Klassenzimmer umgestaltet. Die alten Kachelöfen versprachen für den Winter ein unterhaltsames Braten von Radiergummis.

Das Klassenzimmer der 4 a lag – wie unvorsichtig – am Ende eines finsteren Ganges, gleich unterm Dach, noch dazu ein wenig um die Ecke und von einer Holzkiste wie von einer großen Hundehütte bewacht. In dieser Kiste, vorläufig leer und dank unserer sofortigen Bemühungen nur noch scheinbar versperrt, konnten zwei unseres Alters, wie die Probe lehrte, jederzeit ganz gut Platz finden.

Wenn in einem Schulzimmer Brand ausbräche: was könnte da wohl gerettet werden? Man wäre wahrlich in Verlegenheit. Und nun gar in diesem unserem neubezogenen Krankensaal.

Die Bänke spreißelten sich in den Hosenböden fest, und um die Tintenfässer herum hatten so viele Schulgeschlechter das Wort »Stumpfsinn« gemalt, eintrocknen lassen und wieder neu aufgetragen, daß sich in den dicken Krusten geologische Schichten, bis zum Tertiär des Stumpfsinns gewissermaßen, nachweisen ließen.

Als eine Andeutung von Schmuck zeigte der Raum, in dem wir nun täglich fünf Kurzstunden zubringen sollten, eine Bildtafel »Bonifatius fällt die Donar-Eiche«. Unmutige büffelgehörnte Männer umstehen da einen kindsdicken Stamm, den ein Nichtgehörnter mit einem kleinen Beil bearbeitet, das Haupt hell umstrahlt, im wohlgelungenen Öldruck. Später wurde uns klar, daß dieser Bonifatius überhaupt gar nicht als Schmuck da aufgehängt war, sondern als Thema einer deutschen Hausaufgabe (Bildbeschreibung).

Nachdem am ersten Schultag die provisorischen Stundenpläne, am zweiten Tag die Lehrbuch-Vorschriften, am dritten die Tintenfässer ausgegeben worden waren, konnte es am vierten Tag losgehen, und zwar nahm es zunächst Mandl, der Franzos' mit uns auf. Wir wollten ihm gleich zeigen, trotz der Rektoratserklärung, daß man im September 1915 der 4 a kein Parlez-vous beizubringen hätte.

Nichts da! Dieser Mandl verblüffte. Er erwies

sich als ein großes, schwarzes Temperament in den besten Jahren und von den angenehmsten Düften umweht. Mit pomadisiertem Haar, modisch angetan, funkelnde Ringe an den Händen, schneuzte er sich in das seidene Ziertüchlein seines Rockes, im Gegensatz zu den meist ungelüfteten Kollegen, die ihre Krägen in einem Zustand anzuziehen schienen, in dem sie Mandl bereits wieder ablegte.

Mandls Auftreten geschah mit Schwung, er donnerte die Türe hinter sich zu, riß sämtliche Fenster auf, setzte sich, indem er die Hosenfalten schonend hochzog, quer über irgend eine Bank und polierte die Nägel am Handballen. »Malefiz und kein Spitz«, das waren seine ersten Worte; dann pfiff er ein wenig und schüttelte die goldenen Manschettenknöpfe. Hierauf durchschritt er die Bankreihen und zog mit einem Taschenkamm dem Kramer den Scheitel nach, als sei es seines vornehmsten Amtes, über die Frisuren der 4 a zu wachen.

»Sag mal d, b, g, Kramer!«

Kramer, gehorsam: »d, b, g«.

»Falsch«. Mandl schlug flach auf die Bank und lächelte gewinnend, als Kramer zusammenfuhr. »Stimmhaft sollst du's sagen: n-d, m-b, n-g, durch die Nase, kapiert?«

So begann der Unterricht. Jeder mußte sich in stimmhaften Lauten versuchen. Am besten konnte das Hans Kreck, von dem bisher nicht die Rede war, weil keiner sich je sonderlich um ihn und sein dümmlich erstauntes Gesicht gekümmert hatte. Da stand er nun, vor allen ausgezeichnet, machte m-b, n-d, n-g und triumphierte in stimmhaften Nasalen. Wahrscheinlich konnte er sie deshalb so gut, weil er bei der Wehrkraft Trompete blies und daher absonderliche Lippenstellungen gewohnt war.

Nachdem seine Stunde explosiv über die Bühne gegangen war, ging Mandl ab, ging ab mit Schwung, mappenlos, ohne irgendwelche Utensilien, wie er aufgetreten war.

Der große Bruder

Die meisten von uns gingen nun ins vierzehnte Jahr und warteten auf sich selbst. Denn was früher Geborene vielleicht überfallen hatte, das sahen wir voraus wie eine Schulaufgabe, auf die man sich vorbereitet hat; jeder weiß, daß sie bald kommt, nur der genaue Tag ist noch ungewiß.

Diese Vorbereitung auf die Ereignisse unserer Entwicklung war freilich eine zufällige gewesen. Inschriften und Zeichnungen in Badekabinen, Bibel- und Dichterstellen, Witze, symbolische Spiele mit einer ausgeschossenen und einer noch mit dem Geschoßteil versehenen Gewehrpatrone, Beobachtungen an Kröten, Hunden und Fliegen trugen seit langen Jahren zu unserer Aufklärung bei. Bei vielen gingen die ersten geschlechtlichen Vorstellungen bis in die Volksschulzeit zurück, und nicht die Verführung durch schlechte Kameraden oder sagenhaft lästerliche Dienstmädchen war wegweisend, sondern der Zufall. Wir wußten alles und wußten doch nichts; denn jetzt erst, mit dem Erlebnis an uns selbst begannen wir willentlich nachzudenken und nachzuforschen; jetzt suchten wir, was wir vordem nur zufällig wahrgenommen hatten.

Hans Kreck, der Meister stimmhafter französischer Laute, wies seine Beine vor, um die Klasse eine schon starke Behaarung bewundern zu lassen. Wolfgang von König erklärte, er rasiere sich schon lange. Bei ihm, als dem Ältesten, konnte das wahr, bei ihm, als dem stets auf Verblüffung Bedachten, konnte das erlogen sein. Doch glaubten nun viele um die Mundwinkel und unterm Kinn den kräftig sprießenden Flaum zu spüren. Verschnittene Gesichter deuteten alsbald auf erste Bekanntschaft mit väterlichen Rasierapparaten. Oskar Flint behauptete, er hätte sich gegen eine Tafel Mona Lisa-Schokolade ein kleines Hausmeistersmädchen im Keller »zeigen lassen«; um einen solchen Preis im zuckerarmen Deutschland von Ende 1915 erschien das glaubhaft. German Kramer, der Sohn eines Arztes, renommierte mit wissenschaftlichen Werken aus seines Vaters Bibliothek: »Da steht alles drin«, sagte er.

Trotz des anfangs freimütigen gemeinsamen Austausches neuer Erkenntnisse, begann die Klasse in geschlechtlichen Bezirken bald zu vereinzeln. Mit Räuber oder Rösle oder dem jüngeren Freiherrn von Tun, die noch sehr zurück schienen, hatte es keinen Sinn, zu reden. Ehe sie nicht selber darauf gekommen waren, blieben sie gewissermaßen als Minderjährige verschont. Überhaupt schien die Schule wohl für förderliche Witze geeignet, nicht aber für ernsthafte Aufklärung. Es war leicht, öffentlich auf der Schulbank mit Fingern darzustellen, in welcher Verfassung Faust und Gretchen aus dem Gartenhäuschen heraustraten; aber die Vorgänge zwischen Mann und Frau sachlich zu erörtern, dazu half nur freundschaftliche gegenseitige Unterweisung.

Die geschah zwischen Freund Ludwig und mir schriftlich. Jeden neuen Tag fast, wenn wir den gemeinschaftlichen Schulweg antraten, den nun freilich so viel längeren Trambahnweg in die entfernte »Filiale«, tauschten wir kleingefaltete Zettel aus, die mit dem strengen Stenogramm »vernichten« überschrieben waren. Diese Zettel enthielten die klärende Ausbeute, die Ludwig dem Brockhausschen, ich dem Meyerschen Konversationslexikon entnommen hatte. Wir bildeten uns dabei in der Fertigkeit, etwas nachzuschlagen, bedeutend aus. Auch Zeichnungen boten wir uns gegenseitig dar, und es ist anzunehmen, daß ein Zeichenunterricht, der sich die lebhafte Phantasie der Pubertätssehnsüchte zu eigen machte, ganz andere Erfolge erzielen würde als der, den wir beim schulgerechten Abzeichnen geschlechtsloser Vasen entwickelten.

Bei Ludwig daheim, wo Akte an den Wänden hingen und allerlei Werke über Frauenschönheit und Rassenkunde sich in den Schränken vorfanden, konnte auf die Dauer mehr für die zu vernichtenden Zettel gewonnen werden. Bocks Buch der Natur und ein Lehrfaden der Geburtshilfe schien trotz eifrigen Suchens das einzige, was von meiner Seite beizusteuern war; denn in unserem Haus räumte man mir sogar eine Miniatur »Amor und Psyche« aus dem Wege, und unsere Kopie der Mediceer Venus beschränkte sich auf den Kopf.

Was wir erlebten und taten, war das Natürliche; alle erlebten das; wir hielten uns fest davon überzeugt, daß in der ganzen Welt jedem Vierzehnjährigen das Gleiche widerfahre und daß er sich ebenso dazu verhalte. Und wir blieben dabei tatenlustig und hochgestimmt. Denn mit den Meinungen der Erwachsenen konnte sowieso oft nicht gerechnet werden. Sie hatten uns auf die Frage nach dem Kinderkriegen vor zehn Jahren mit dem Storch abgespeist; mochten sie jetzt sehen, wo sie damit blieben. Wir bedurften nun ihrer Moral ebensowenig wie ihres Vertrauens; wir wurden nun ohne sie fertig mit dem Storche Priapus.

Wir lebten jeden Tag mit ganzem Einsatz für das, was uns anging; und es trat daher der Krieg, der nicht unsere Sache war, mehr und mehr zurück, seitdem wir uns an seine Wirkungen gewöhnt hatten. Ja, selbst der Eingriff des gepanzerten Todes in unsere Familien wurde von uns weniger verspürt, da wir so ganz von uns selbst beansprucht waren und nichts wollten als wachsen.

Ich erinnere mich wohl sehr deutlich des Heimkommens an dem Tage, da ein meinem Bruder zugedachter Feldpostbrief zurückkam mit dem querlaufenden, namenlöschenden Stempel »Auf dem Felde der Ehre gefallen«. Ich weinte, wie ich seit langem nicht mehr geweint hatte. Der Strauß französischer Feldblumen, den ich aus einer Glückwunschsendung meines Bruders bewahrte, bekam ein gläsernes Kästchen, damit er sich halte zum ewigen Angedenken, und ich streifte einen Trauerflor über die Wehrkraftuniform.

Aber seit anderthalb Jahren war der große Bruder mir schon entrückt gewesen, was lebte von ihm in mir? Darüber dachte ich nach. Ich konnte nichts dafür, daß mir, dem jüngeren Bruder, zunächst altes Leid einfiel: wie ich so lange die von ihm abgelegte Wäsche hatte tragen müssen, veraltete Hemdhosen, ausrangierte Matrosenkittel; halbzerfetzte Bilderbücher, Bälle ohne Luft, wacklige Zinnsoldaten, das alte Fahrrad, der alte Schulranzen, die verschmierte Grammatik: für den kleinen Bruder galt es immer noch als gut genug. In allen Fächern des Pennals, in denen er schwach war, mußte ich gegen Vorurteile kämpfen; alle Professoren aber, die ihn schätzten und die ich nicht schätzte, erklärten in der Sprechstunde meinen Eltern, ich sei entartet. So hatte ich, der Kleine, auszulöffeln, was er, der Große, eingebrockt hatte, und so groß ich auch immer werden mochte: immer bliebe ich dennoch der Kleine.

Nun war ich unter Tränen plötzlich der Große geworden. Da verflogen die jahrelangen kleinen Bedrückungen, jüngerer Bruder zu sein, und ich wünschte heftig diesen Sturmangriff bei Namur ungeschehen. Aber auch dieses Gefühl verging schnell, und es blieb der Stolz zurück, einen Bruder gehabt zu haben. Seine Preise als erfolgreicher Schwimmer waren ja da, die elektrischen Apparate waren da, die er gebaut hatte, seine Bilder waren da, er war da. Was hatte ich verloren? Ich hatte nichts verloren, und dieses Gefühl dauerte.

Solche Empfindungen freilich bewahrte ich im Geheimsten, nach außen hin den Jammer der Erwachsenen nachahmend; denn ich fürchtete, daß sie mich nicht verstünden.

So verspielte der Krieg an uns seine erbärmlichsten Trümpfe.

Die Kunst anzubandeln

»Auf die Aufmerksamkeit der Schüler beim Unterricht selbst hat, nach den Beobachtungen der meisten Lehrer, der Krieg nicht mehr den zerstreuenden Einfluß gehabt wie in den beiden ersten Jahren; das Betragen mancher Schüler scheint allerdings immer noch unter dem Mangel an Beaufsichtigung in der Familie zu leiden.« Also entnahmen wir dem Jahresbericht des Realgymnasiums auf das Schuljahr 1916/17.

Soweit unter dem Betragen »mancher Schüler« das der 5 a zu verstehen war, worüber ein Zweifel bei uns selbst nicht aufkommen konnte, hatten keineswegs die nun gewohnteren Kriegsläufte den verwandelnden Einfluß. Immer noch schrieben wir ja als Aufsatzthema »Entwurf einer Werbeschrift für die neue deutsche Kriegsanleihe«. Immer wieder bettelten wir, mit Blechbüchsen, Zumbuschkarten und Papierkornblumen ausgerüstet, auf den Straßen fürs Rote Kreuz. Die Ergebnisse der 5 a erwiesen sich bei solchen Blumen- und Opfertagen übrigens immer als besonders gut, was unsere Lehrer wiederum zu irrigen Hoffnungen verleitete.

Auch unser Zuhause beeinflußte den Geist der Klasse weniger als der Jahresbericht annahm. Wir entstammten ja den verschiedensten Verhältnissen. Meines Freundes Ludwig Eltern waren musik- und malereibegeistert, wohnten bescheiden, aßen und tranken dagegen gut und nannten einen Saustall offen einen Saustall. Stern lebte in hochherrschaftlichen Räumen; es wurde dort leise und gewählt gesprochen, und ein Hauslehrer betreute die Kinder. Königs Vater sprühte vor genialer Ideen und sah es gerne, daß sein Sohn Interesse zeigte für jenen indischen Gott, der mit zweitausendsechshundertdreiundsechzig Frauen elftausendsiebenhundertachtzig Kinder erzeugte. Der elegante Flint mußte zu seinem Verdrusse täglich mit der alten Dame spazierengehen. Wir hatten Kameraden, bei deren Mütter unsere »Kocherl« die Milch holten oder deren alte Herren unsere Räder reparierten. Es machte keinen Unterschied, daß der eine vom Schulgeld befreit war und der andere Gold abliefern konnte. Wir galten voreinander nicht als Söhne unserer Väter, sondern allein als das, was wir voreinander darstellten. Und alle gemeinsam stellten wir die 5 a dar.

Was uns nun mehr und mehr von den Schulerlebnissen abzog, war unser wachsendes Interesse für die Weiblichkeit. Es hieß vom Zauss, es hieß vom Correl, es hieß von manch einem: er geht mit einer. Wir begannen in der Nähe von Mädcheninstituten herumzustehen; das »Pflaumensteiner« vor allem erfreute sich des Rufes geeigneten Materials.

Da wir mit unseren vierzehn Jahren wie verfluchte Kerle voreinander dastehen wollten, hatte auch ich nicht versäumt anzudeuten, daß ich während der Ferien an der Ostsee mit einem wunderschönen Mädchen, der Tochter eines rumänischen Ministers – ihr versteht mich. Die 5 a zeigte sich bereit, mich zu verstehen. In Wahrheit war ich »ihr« nur von ferne begegnet, und ihren Namen allein, den ich mit Hilfe eines Serviettenmonogramms und der Fremdenliste ermittelte, hielt ich davon fest. Es schmerzte mich aber ein wenig, als sich dann Rumänien gegen Deutschland erklärte. Ich empfand es beinahe als eine persönliche Zurückweisung.

Das kleine, von mir phantastisch aufgewertete Erlebnis, trug mir nun freilich den Ruf eines Wohlerfahrenen in der Kunst des Anbandelns ein. Wandermann, der Detektiv mit dem Wachstuchsnotizheftchen und den darin eingetragenen Fällen, beobachtete mich, wo denn nun hier in der Stadt die Meine sei; und obschon diese gar nicht vorhanden war, brachte er dennoch ein für mich schmeichelhaftes Verhältnis an den Tag. Ich hütete mich wohl, diesen Nimbus zu zerstören. Bereitwillig verfaßte ich für Kramer, der mich dringend darum bat, einen Leitfaden über die Kunst mit Mädchen anzufangen.

All das war noch Spiel und Traum. Bei der Wehrkraft, in den Heulagern, zur Nacht, wenn die Kleineren »Mama, Mama« im Schlafe stöhnten, im Walde auf Patrouille, in den Dunkelkammern unserer photographischen Versuche, ja sogar in den hinteren Schulbänken gerieten wir gegenseitig unter den seltsamsten Umständen aneinander. Solcher Erlebnisse gab es viele.

Obgleich zu vermuten war, die Mädchen seien ähnlich umgetrieben wie wir, fingen dennoch manche von uns an, den Begriff des Weiblichen zu idealisieren. Je unbekümmerter wir in Worten mit den »Weibern« umsprangen, umso engelhafter stiegen sie in unseren Herzen ins Lichte.

Der tägliche Briefwechsel mit Ludwig nahm

diese Wendung. Ich kämpfte auf dem Papier gegen jede Vermengung von hoher, anbetender Liebe und Sexualität. Heiß rangen wir um das von uns oft zitierte Ewig-Weibliche.

Viel schneller als mit der Frau schienen wir mit Gott fertig zu werden. Es war im Konfirmationsunterricht, als Ludwig auf einen Zettel schrieb:

»Ich habe mich vollkommen (mehrfach unterstrichen) von der christlichen Religion abgewandt. Geglaubt hab ich daran ja eigentlich nie. Das Bekenntnis, aus dem ich schöpfe, ist der Monismus oder die Naturphilosophie. Alle Bücher, die ich gelesen habe, werde ich Dir auch geben, denn mein sehnlichster Wunsch ist, daß auch Du dahin gelangst, wo wirklich Befriedigung ist.«

Ich erwiderte folgendermaßen:

»Meinst Du, ich glaube das, was uns der Epple erzählt? Glaube ich auch nicht und bin doch Christ. Ob du das Gott nennst oder Natur – das ist doch völlig wurscht. Mir schon.«

Hierauf einigten wir uns.

Doch entwickelten wir uns freilich nicht so schnell, wie diese Erzählung glauben machen kann. Denn die Zeit suchte uns mit allen Mitteln gefügig zu machen. Brot war knapp, Fleisch gab es nur an Fleischtagen, die verrufenen Dotschen (Steckrüben) fehlten bei keiner Mahlzeit,

Zucker gab es überhaupt nicht, und noch um Süßstoff mußten wir anstehen. Wir hungerten, wir froren. Vom Brennstoffmangel hatten wir wenigstens den Vorteil der Kohlenferien. Dann saß ich abends auf dem verlöschenden Küchenherd, der einzigen Feuerstelle des ganzen Hauses, und dichtete das »Ätherbild der Schönheit«.

In der Wehrkraft – ich hatte seit Ostern 1917 die Führung des ganzen Zuges von über sechzig Jungen, unter der Aufsicht des freigesinnten erwachsenen »Feldmeisters« – stemmten wir Klassenkameraden uns gegen die Kriegsspielerei. Uns vermittelte die Wehrkraft viel wichtigere menschliche Erlebnisse: mir die erste Rede an einem Grabe, am Grabe eines verunglückten Kameraden, und ich entsetzte mich der Bretter und Seile. Und dann sah ich einmal, unangemeldet ins Atelier des »Feldmeisters« eintretend, der ein Maler war, die erste nackte Frau, ein großes, schwarzhaariges Modell. Ich erschrak furchtbar.

Der erste Kuß

Ich hielt es nun einfach nicht mehr aus. Einer »auf der Straße nachlaufen«, das wollte ich erst nicht, aber dann tat ich es doch.

Sie saß vor mir jeden Tag in der Viertelnachsieben-Tram, wenn ich in die Schule fuhr. Sie war schon in der Kirche öfters vor mir gesessen. Aber jetzt trug sie ein schwarzes Käppchen, und das machte mir ihre blonden Löckchen auf einmal anziehend. Außerdem war es Mai geworden, und vor allem hieß sie Hero.

Mit Entzücken erspähte ich auf ihren säuberlich eingeschlagenen Büchern und Heften diesen herrlichen Namen, indessen der Schaffner die Stationen ausrief. Keine Leopold-, keine Ludwigstraße konnte sich mit dem Namen Hero messen; doch ist er meinem Ohr für immer diesen Haltestellen eingeprägt. Es sind lauter heroische Stationen aus dem heroischen Zeitalter.

»O laß mich dein Leander sein!« dichtete ich vor mich hin. Das lag nahe, und ich hätte es ihr mit Leichtigkeit zuflüstern können. Man saß in dicht hintereinander gereihten Rohrgeflechtsitzen, die einen beständig dazu versuchten, dem Vordermann in den Hals zu blasen. Wie verlockte es denn auch meinen Mund, ihrem Nacken das liebende Geständnis zuzuatmen! Ich schrieb es indessen nach Schülerart auf einen Fetzen, den ich aus dem lateinischen Präparationsheftchen herausriß, und steckte ihr den beim Aussteigen zu.

Ich hatte ihr darin, als Postskriptum sozusagen, vorgeschlagen, uns nachmittags am Trambahnhäuschen zu treffen und Du zu sagen. Statt ihrer erwartete mich indessen ihr kleiner Bruder, überreichte mir ein hellblaues Briefchen und sagte artig, er solle auf Antwort warten. Ich entnahm dem süßen Umschlag ein Kärtchen mit gerundeten Ecken, das mir in wunderbar gestochener Handschrift kündete (denn ich besitze es noch): »Es tut mir sehr leid, daß Sie sich heute vergeblich bemühen, da ich ans Bett gefesselt bin. Ginge es nicht am Samstag zu der nämlichen Zeit, jedoch tunlichst draußen an der Burgfriedenstafel der alten Heide? – Sie haben mich um das Du gebeten. O wie gern will ich Dich so nennen und wie gern es wieder von Dir hören. Du allein sollst mein Leander sein. Deine Hero.«

Ich staunte. In meiner Handschrift hätte ich keine zwei Sätze auf dem Billett untergebracht.

»Was darf ich also bestellen?« erinnerte mich der kleine Postillon.

»Ja, es ist recht. Gute Besserung!«

Es war das erstemal, daß ich die allsamstägliche Pfadfinderübung schwänzte, um mich bei der gußeisernen Burgfriedenstafel einzufinden. Vom nahen Exerzierplatz hallte Maschinengewehrgeknatter, im blauen Himmel übten Flugzeuge. Es schlug drei vom Friedhofskirchturm, als wir uns die Hand gaben.

Wir folgten erst der von Pappelblüten beschneiten Landstraße; wo es aber heißt: »Halt bei Annäherung des Zuges!«, hielten wir querfeldein auf Wald zu. Über die Grassteppe hinstolpernd begegneten uns Munitionsarbeiterinnen; sie gingen in Gruppen zusammen, schweigend und mit schwefelentstelltem, gelbem Haar. Hero hatte eine weiße Bluse an, oben mit einer Schmetterlingsbrosche zugesteckt.

Unsere Gespräche berührten erst die gemeinsame Vergangenheit – die Linie 26 vor allem –, dann unsere fernste Zukunft, wie es wohl um uns stünde, wenn wir alt geworden wären; es bereitete einen sonderbaren poetischen Genuß, zu denken, alles wäre schon längst vergangen und vorbei. Hierauf mußten wir uns aber wohl mit der Gegenwart beschäftigen.

Das fiel mir weit schwerer. Doch dank ausgedehnter Lektüre wußte ich, daß ein Liebespaar vor allem einmal Arm in Arm geht. So taten wir denn auch.

Auf dem holprigen Gelände ging es Arm in Arm freilich noch viel unbequemer denn zuvor. Mit hochgezogener Schulter führte ich die ein wenig zu klein geratene Hero über Kies und Schollen; ich schleifte sie förmlich, und der Arm tat mir weh. Dennoch traute ich mich nicht nachzulassen, hielt Hero vielmehr mit aller Kraft an meine Seite gepreßt, bis wir endlich den Wald erreichten.

Aber ein Posten wies uns zurück. »Gesperrt!« sagte er. »Ihr müßt euch schon einen anderen Platz aussuchen.« Im Walde wurde geschossen.

Wir streiften am Rande des Gehölzes entlang, aber überall war heute Schießgebiet. Mich überkam ein großes Verlangen nach der versäumten Pfadfinderübung. Als uns immer neue Posten aufs freie Feld hinauswiesen, blieb ich endlich stehen, schlenkerte meinen pelzigen Arm, umfaßte Hero und küßte sie. Ich drückte meinen staubigen Mund hartgeschlossen auf ihre kleinen Lippen und verharrte so einige Zeit, da ich gelesen hatte, daß richtige Küsse minutenlang dauern.

Nase gegen Nase gestellt, den Atem anhaltend, wartete ich indessen vergeblich auf das eigentliche Ereignis des ersten Kusses, das in Büchern offensichtlich über Gebühr besungen worden war. Dies feststellend, nahm ich meinen Mund weg und brachte Hero auf dem kürzesten Wege nach Hause.

Immerhin, ich hatte getan, wozu ich mich als Mann verpflichtet hielt. Sobald ich wieder allein war, verklärten sich auch die Gefühle, so wie es vielen Anfängern mit der Musik geht: allein können sie ihre Stimme vorzüglich, aber beim Zusammenspiel geht der einfachste Lauf nicht mehr. Am Samstag war Wehrkraft. Ich ging zur Wehrkraft. Ich verfaßte ein feuriges Gedicht und schickte es meiner Hero mit der Post. Fortan verdankten wir der Post unsere tiefsten Erlebnisse, und vielleicht ist auch dieses Blatt nichts als ein spätes Billett an Adresse unbekannt.

Philosophie

Der Lateinspieß Kaiber, der jeden Satz mit »Ja, mein lieber Herr« anfing, mochte den König Wolfgang nicht, und der König Wolfgang mochte den lieben Herrn nicht. Wenn es König einmal nicht vermeiden konnte, doch einer Lateinstunde beizuwohnen, fragte der Kaiber gleich: »Ja, mein lieber Herr, wann fängst du denn das Arbeiten an? Es wird jetzt schon bald Zeit!«

König erwiderte: »Ich bin leider herzleidend.«

Kaiber: »Ja, mein lieber Herr, Leute, die eine so schwache Konstitution haben, muß man eben dann aufrufen, wenn sie glücklicherweise einmal da sind. Komm einmal heraus, König, und übersetze!«

König mußte trotz seines Protestes zum Katheder kommen; den Curtius Rufus in der Hand stand er hilflos da und konnte gar nichts. Kaiber ließ ihn lange stehen und bewegte wortlos den Bleistift in der Luft, wie es jene Anzeiger mit dem Deutestab beim Schießen tun, wenn ein Schuß völlig die Scheibe verfehlte.

»Was heißt noscitabantur?« fragte Kaiber, mit sicherem Griff ein Wort aus dem Gefüge reißend, das König am allerwenigsten wußte. Ein paar in der Klasse meldeten sich, es zu sagen. Aber Kaiber wehrte ab: »Der König muß es wissen. Nun König?« Und wieder begann ein so abgrundtiefes Schweigen, daß man das Ziehen der Wandtafeln aus dem Nachbarzimmer herüberhörte.

»Der Hund«, sagte da auf einmal in den hinteren Bänken der Kramer ganz deutlich. Es war kameradschaftliche Empörung über den Sadismus des Kaiber, die sich also ankündigte.

»Ja, das tut mir leid, mein lieber Herr«, beeilte sich Kaiber, den König freizugeben und malte ihm einen »Stock« ins Notenbüchlein. Das mochte er tun, das war seine Sache.

König sagte in der Pause zu mir: »Der Kaiber hat seinen Kopf nur auf, damit sein hoher Kragen nicht in die Höhe rutscht, aber von Philosophie keine Ahnung! Ich dagegen kann in drei Sätzen die Entstehung der Welt nachweisen!« Das verfehlte auf mich seinen Eindruck nicht, denn es schien mir durchaus möglich, die Form

»noscitabantur« nicht zu kennen und dennoch um die tiefsten Geheimnisse der Welt zu wissen.

»Wie heißen denn diese drei Sätze?« fragte ich begierig.

»Mein lieber junger Freund«, lächelte der freilich um anderthalb Jahre ältere König, »das kann ich dir so einfach nicht sagen. Ich habe lange gearbeitet, bis das Werk, dessen Krönung diese drei Sätze sind, fertig war. Du würdest mich mißverstehen. Aber eines sage ich dir: Sei fest, nicht lose! Durch mich zu mir! Anfang und Ende: ich, du, alles!«

Es schellte, und wir mußten aus dem Hofe wieder hinauf ins Zimmer. Aber Königs bedeutende Worte verfolgten mich, und ich schickte ihm einen Zettel: »Kannst Du mir nicht ein Führer zum Lichte sein?«

Und König schrieb zurück: »Du weißt gar nicht, welche Aufgabe Du mir da stellst. Denn Erfahrung läßt sich nicht erlernen. Aber ich will es mit Dir versuchen. Komme heute nachmittag in meine Wohnung, bei Eintritt der Dunkelheit, wenn meine Jünger mich verlassen haben!«

Er hatte also sogar Jünger! Ich kam mit großen Erwartungen zu ihm um die verlangte Stunde. Er empfing mich in einem verdunkelten, mit einer großen Kerze erhellten Gemach, am Kopfe einer schwarzverhangenen Tafel mit zwölf hohen Stühlen. In ein gesticktes Gewand

– wie sich später herausstellte, in den Morgenmantel seiner Mutter – gehüllt, wehrte er mir, wie betend, zu sprechen und führte mich an ein Gefäß, aus dem der Rauch brennender Kräuter emporstieg. Dann gab er mir ein schweres Buch zu halten, indessen er mich wie prüfend und beschwörend umschritt.

»Es sei denn«, sprach er endlich, »geh nun!«

Und ich ging gehorsam, schweren Kopfes, wieder fort.

Es verliefen aber alle diese Sitzungen, ohne daß ich etwas davontrug als eine Scheu, den begehrten drei Sätzen von der Entstehung der Welt jemals wieder nachzufragen. Denn ich zweifelte an meiner Erwähltheit zum Jünger der Philosophie.

Meinem Freunde Ludwig war dieser Umgang gar nicht recht. Er schrieb, denn schreibend bekannten wir uns immer am deutlichsten voreinander:

»Ich flehe dich an, denke über alles, was dir der König sagt, nicht nach. Folge der Stimme, die in dir ist. Bleib treu der Musik!«

Denn Ludwig, der weit fortgeschrittene Liebhaber des Klaviers, hatte mich mit meiner bescheidenen Geigerei für die Musik begeistert, und wir vereinten uns nun oft, verzaubert im Angesichte Beethovens, dessen Bildnis in meines Freundes Zimmer auf uns niedersah. Bald konnte ich an den »Konzertabenden im Hause Kutschenreuter« mitwirken.

Das »Haus Kutschenreuter« war eine Mietwohnung in einem jener Gebäude, die auf zwei Seiten fensterlose Wand geblieben sind, willentliche Mißgeburten der Bauordnung. Es hatten sich an diesen Wänden die Schildereien des haltbarsten Autoreifens, des nahrhaftesten Kindermehls und des erfrischendsten Zahnwassers angesiedelt; Sonne und Regen radierten an der roten Packung von Francks Kaffee-Ersatz, und der schwarze Schuhputzfrosch weinte die weißen Tränen eines Zitronensprudels.

Hier, im ersten Stock, über den Vorplatz hinweg, den mit Schachteln, Schränken und einer Nähmaschine umstellten, an der vergilbten Tapete entlang mit Sonderdrucken der »Jugend«, trug ich meine Geige oft in den Salon, wo das Klavier stand, das notenumstapelte.

Auf einem Makart-Postament breitete eine griechische Statue ihre Gipsarme aus; der galvanisierte Kinderschuh Ludwigs krönte eine kleine Etagère, die neben allerlei Nippsachen auch ein nacktes Porzellanmädchen als Aschenbecher barg. In vielen Schränken Bücher und an den Wänden die Originale guter Landschafter. Denn auf Bilder verstand sich der Vater Kutschenreuter ebenso wie auf die Kunst, aus einem Bretterzaun im Platzregen oder sonstigen alltäglichen Nichtigkeiten die fesselndsten Geschichten zu entwickeln.

Mein Vertrauen zum »alten Kutschenreuter« ging so weit, daß ich ihm meine gesammelten Werke (nunmehr schon III. Band) zum Lesen gab. Er las Wort für Wort und schrieb dann an den Schluß: »Bravo! Lauter gärender Most noch, aber es wird schon Wein daraus werden. Es lebe unsere temperamentvolle Jugend!« Es waren glückliche Abende, wenn wir Freunde Beethovens Frühlingssonate neben Regers Suite im alten Stil, Schumann und Bach wild durcheinander mit Begeisterung vortrugen, um dann am wachstuchüberzogenen Eßtisch viel Wein zu trinken, bis der Vater Kutschenreuter aufstand und, vom Alkohol befeuert, in der Zigarrenluft zum Gesange ansetzte. Er sang die Lieder, deren Ludwig nun schon viele komponiert hatte, manch eines mir zugeeignet, meist mit Bierbaumschen Texten, und er sang sie so, daß sein weißes Haar wie im Winde wehte, und stürmisch auch bewegten sie unsere Herzen.

»Das ist die wahre Philosophie!« rief Ludwig, der Komponist, und verneigte sich vor dem Applaus des Publikums, das wir selber waren. Und ich fragte nichts mehr nach Königs Sätzen von der Entstehung der Welt.

Drei gründen eine Zeitschrift

Der musikbewanderte Freund Ludwig, der Wolfgang von König, in seiner Eigenschaft als Karikaturenzeichner, und ich, Albrecht Haller, verantwortlicher Herausgeber und Hauptschriftleiter: so beschlossen wir die Gründung einer Zeitschrift. Der Krieg begann die vierte Runde und wir mit ihm die sechste Pennalklasse; das Papier des Herbstes 1917 war schlecht, sehr holzhaltig, rar.

Es gab freilich schon viele Zeitschriften: den »Guten Kameraden« – ihm waren wir längst entwachsen – die heiteren »Fliegenden«, den ganz auf Feldgrau eingestellten »Brummer«, Unsere Eltern hielten die »Woche«, den »Kosmos«, den »Kunstwart«, den »Simplicissimus«; wir aber kauften uns jene Nummer der »Weltliteratur« mit Wedekinds »Frühlings Erwachen« und hatten alle im Schulranzen das unansehnliche Heft zwischen Landgrafs lateinischer Schulgrammatik und Diercke-Gäblers Weltatlas stecken.

Dennoch fehlte allen diesen Zeitschriften der beglückende Umstand, daß sie von uns selber gemacht waren. An ihrer Musik hatte kein Ludwig Kutschenreuter, an ihren Illustrationen kein König, an ihren Gedichten kein Haller Anteil. Zu fertig kamen sie in unsere Hände, wir durften nicht mitspielen, nur zusehen. So waren wir unzufrieden; selber wollten wir etwas tun.

Dem Traum einer eigenen Zeitschrift hingen viele nach, die ein wenig schreiben oder zeichnen konnten. Für den Lämmergeier den obligaten Herbstspaziergang und die Inwiefernaufsätze geschrieben zu haben, das galt da nicht. Einen Hocker unter Berücksichtigung eines Systems von Fluchtpunkten auf den Block gebracht zu haben, das mochte der Schule zeichnen heißen, uns nicht. Sie alle, die fünfzehnjährigen verstohlenen Dichter und Maler, begehrten heimlich nach der Beglückung, sich öffentlich gedruckt, vervielfältigt zu sehen.

In jenem Jahr 1917 aber fehlte es uns an jedem Vorbild, dies ins Werk zu setzen. Wir wußten nicht einmal, wie die lilafarbenen Abzüge, die als »Angaben« bei Schulprüfungen ausgeteilt wurden, zustandekamen. Ganz von vorne mußten wir drei anfangen, als wir uns fest zu unserer Zeitschrift entschlossen.

Wir fingen mit dem Titel an. Die Taufe schien wichtiger als die Geburt. Erst wollten wir einen Namen, das Kind würde dann schon nachkommen. Und wir tauften das Ungeborene nach heftigem Hin und Her auf den Namen »Das Geräusch«.

Der Name, galt er uns auch in keinem Sinne

als Programm, denn wir schwankten erst sehr, ob wir nicht etwas Poetischeres wählen sollten, wie »Die Flöte« oder »Orplid«; der Name »Geräusch« hatte dennoch eine Bedeutung. Denn, dem Munde unseres wohlwollenden, doch schwerverständlichen Mathematikprofessors Schusser entsprungen, erinnerte er uns immer an einen seiner Aussprüche:

»Ä, da ist so ein Geräusch. Da brummt einer. Ä, wer sich verborgen hält, den kann ich auch alles heißen; ich heiß' ihn öffentlich einen Lausbub, und das bleibt so lang' auf ihm sitzen, bis er sich meld't.«

Nach also gewonnenem Titel suchte ich als verantwortlicher Herausgeber bei der Frau Griesbeck, der Papierwarenhändlerin, die für mich immer noch Friedensware an Zedernbleistiften und holzfreiem Papier im Kasten zurückhielt, Rat und Hilfe in den technischen Fragen einer Geräuschvervielfältigung.

Frau Griesbeck zeigte sich verständig und sagte nicht etwa: »Aber es gibt doch schon so viele Zeitschriften«, entmutigte ihren jungen Kunden auch nicht mit Hinweisen auf das unerschwingliche Gutenbergsche Verfahren, sondern brachte ein Fläschchen herbei und ein gelbes, klebriges Kartonblatt und weihte mich in die Geheimnisse der Hektographie ein.

»Wenn Sie es richtig machen, wird es wie eine

›Angabe‹«, verhieß Frau Griesbeck. Denn seit dem Eintritt in die 6 a siezten uns die Spieße, und Frau Griesbeck, stets auf dem laufenden, siezte mich nun ebenfalls.

Ausgerüstet mit der empfangenen Unterweisung versammelte sich die Geräuschredaktion alsbald bei mir daheim, am sechsundneunzigmal quadrierten Tische, und der geschnitzte Schiller sah idealen Blicks vom Schranke auf uns herab.

Der Wolfgang König entwarf sogleich, im Stile des Dürerschen Gebetbuches, ein reichumranktes Titelblatt, indessen Freund Ludwig sich hartnäckig mühte, mit der klebrigen Tinte Notenlinien zu ziehen. Ach, wie so oft floß die zauberische Flüssigkeit dick fort am Lineal und schmierte weit über das Blatt hin. Noch einmal! Ludwigs Handballen erschien bald schottisch tätowiert, und uns allen klebte der Zeige- am Mittelfinger fest. So ergriff uns die Krankheit Hektographie.

»Ich muß jetzt zum Essen heim«, sagte Ludwig nach langer Bemühung. Zwar hatten wir gleich am Mittag, nach der Schule, begonnen, aber schon dämmerte der Abend durchs Fenster, lilablau wie unsere schimmernden Schriftzeichen. Da wagten wir denn das Letzte, klatschten auf den Wachskarton, was wir in so vielen Stunden mühsam gemalt hatten und zogen es dann auf strahlendes Papier ab – in großen Stößen hatte ich es bereitgelegt – nach Frau Griesbecks Belehrung.

Alles war verwischt und unkenntlich zugeschmiert! Das künstliche Rankenwerk nach Albrecht Dürer stürzte wie Farbwasser aus einem Pinselwaschnäpfchen regellos über das Blatt hin; jede Note Ludwigs, ob ganze oder halbe, weinte sich vollen Gesichtes aus. Besonders die Stelle, wo es im Texte heißt: »Über ein Stündelein ist deine Kammer voll Sonne«, sah sich häßlich an. Endlich glichen alle meine Gedichte, reich am Vokale »o«, einer Rechnung aus lauter Nullen.

»Nie wieder«, verschworen sich die Mitarbeiter König und Kutschenreuter gegen ihren Hauptschriftleiter Haller, »nie wieder machen wir eine solche Schweinerei mit! Ein ›Geräusch‹, bei dem ganze und halbe Noten zu Vierteln werden und die Viertel tropfen wie Regenschirme, da hört sich alle Kunst auf.«

Sie gingen und ließen mich am Tische zurück. Die Federhalter klebten, der Kork des geleerten Gläschens hatte sich fest auf dem Wachstuch des Tisches festgesaugt, saubere und verkleckste Papiere überdeckten sich wüst, und Schiller lächelte aus dem Dämmer.

Dunkel spürte ich in meinem Schmerze, daß viele Hauptschriftsteller in solchen Umständen zurückgelassen werden und daß viele Zeitschriften einsam verderben, ehe sie auch nur einer hat lesen können.

Aber als ich dann gegessen hatte, mit vergebens gewaschenen, petunienfarbenen Händen, schien es mir dennoch verlockend, das »Geräusch« zu gründen. Den Lasterweg des Schuldenmachens bei so hohen Zwecken nicht scheuend, überraschte der Hauptschriftleiter im November, nach schwer ertragener Heimlichkeit, die ehemaligen Mitarbeiter Kutschenreuter und König wie die ganze 6 a mit der Nummer 1 des »Geräusch«, erster Jahrgang.

Sauber, achtseitig, in einer Auflage dreimal so groß wie die Schülerzahl der 6 a, empfahl sie eines Herrn Brandl »Buchdruckereikomptoir«. Freund Ludwig aber und selbst der oft ein wenig großartige König Wolfgang versagten mir ihre Begeisterung nicht und kündeten mir eine strahlende Zukunft als Hauptschriftleiter. Denn obwohl diese beiden Mitarbeiter mich an jenem Abend in trostloser Hektographie hatten sitzen lassen, enthielt die Nummer I neben einem Geleitwort, einem Tagebuchblatt aus dem Leben eines Fünfzehnjährigen und einer Rubrik »Vermischtes« – all das ausführlich mit »Albrecht Haller, Hauptschriftleiter« unterzeichnet – dennoch auch die damals vorgesehenen Beiträge: »Unterschiedliche Empfindungen nach einem Klavierabend d'Alberts« von Ludwig Kutschenreuter und jene verführerischen Mädchenköpfe nach einer Strichzeichnung von Wolfgang von König. Die letzte Seite aber verriet ausführlich den Anzeigentarif des »Geräusch«, und in kleinen leergelassenen Platzfeldern fand sich das Wörtchen »Reserviert«.

Ich schleppte hundert Nummern, die ganze Auflage fast, in die Schule mit, als sei damit ein hundertfaches Vergnügen gewährleistet, dieselben Beiträge in immer neuen Exemplaren nochmals zu überlesen, wie wir drei auch taten. Leider war der weiterhin beabsichtigte Verkauf in der 6 a durch den Umstand behindert, daß die wenigsten fünfzig Pfennig für das Heft aufzubringen vermochten. Außerdem erklärte der immer ein wenig mißgünstige Fritz Dentz, vom Pennal stünde ja gar nichts drin, warum sollte gerade die 6 a das »Geräusch« kaufen?

Ja, das enttäuschte viele, daß das »Geräusch« nichts von der Schule enthielt. Es war keine Pennälerzeitschrift, das erschwerte den Absatz. Daran hatte der Hauptschriftleiter nicht gedacht, als er dem Drucker, Herrn Brandl, versicherte, er würde ihm anderntags die Rechnung bezahlen können, die gewaltige Schuld von vierzig Mark.

»Und woher willst du das Geld nehmen, wenn du die Nummer nicht loswirst?« fragte teilnahmsvoll besorgt Freund Ludwig. Ja woher? Kaum den Tücken der Hektographie entronnen, wurde die Hauptschriftleitung von dieser neuen, ernsteren Sorge heimgesucht.

Dringender bot ich mein »Geräusch« an. »Der Reingewinn fließt den Hinterbliebenen unserer Soldaten und anderen Wohltätigkeitszwecken zu, ausgenommen das Rote Kreuz (denn das Rote Kreuz stand damals im Rufe der Kriegsgewinnlerei). So lockte ich, schrieb es sogar an die Tafel. Aber ich erreichte damit nichts, und nur das Bedrohliche geschah: der Epple trat überraschend ins Klassenzimmer und erfuhr die ganze Sache.

Ohne Zweifel verbot die Schulordnung neben jedem anderen auch dieses Geräusch. Auf den Geldhandel in der Schule stand zudem Rektoratsstrafe. Wie es nun Epple mit dem bei einem Religionslehrer doch besonders entwickelten Gewissen vereinbaren konnte, mich nicht anzuzeigen, ja sogar nach dem Abonnementspreis zu fragen und mir sogleich drei Mark für den ersten Jahrgang auszuhändigen, das wagte keiner zu verstehen. Das Ungeheuerliche geschah: Ein Spieß zeigte Verständnis für Verbotenes! Mehr noch: Er wies der Hauptschriftleitung den Weg, Geld zusammenzubringen. Denn wirklich gelang es noch selben Tages, von Erwachsenen, von bekannten Vätern und Müttern, soviele Abonnementsbeiträge einzutreiben, daß Herr Brandl voll zu befriedigen war.

So begann unsere Zeitschrift einen wunderlichen Weg. Der Vater Königs, der Verleger, bekannte öffentlich in der Presse, daß da drei Realgymnasiasten eine Zeitschrift gegründet hätten, die in ihrer Art etwas Besonderes sei. Aus ganz Deutschland sammelten sich auf meinem wachstuchüberzogenen Tisch Bestellungen, auch solche von Buchhandlungen, an denen mir nur, ungewohnt der buchhändlerischen Bräuche, mißfiel, daß darauf verlangt wurde: mit Höchstrabatt. Ich gab zehn Prozent! Thomas Mann, der uns wohlbekannte Verfasser eines Tristannovellenbandes, schrieb einen Brief, in dem er bekannte, er habe das »Geräusch« mit großem Vergnügen gelesen. Mit »Sehr geehrter Herr« begann, mit »Ihr sehr ergebener Thomas Mann« endete dieser Brief, der uns glauben ließ, nun sei es kein weiter Weg mehr bis zu dem Punkt, wo Schiller und Beethoven aufgehört hatten.

Meine Großmutter sagte: »Wenn nur nicht die Schularbeiten darunter leiden!« Aber, wohl von Epple befürwortet, durfte das »Geräusch« in der Schule öffentlich erscheinen. Die Lehrer nahmen freilich meist in der Weise davon Notiz, daß sie sagten: »Kutschenreuter, König und Haller, es wäre gescheiter, weniger zu schreiben und mehr zu lernen.«

Epple hielt immerfort treu zu der Zeitschrift, nur sagte er einmal, mitten in der Stunde, mit betrübter Miene: »Warum schreibt ihr denn kein Wort vom großen Krieg im ›Geräusch‹?« Denn niemals fand sich im »Geräusch« das Wort Krieg. Es trafen aber Feldpostkarten an uns ein, gute und herzliche Worte aus der uns unbekannten großen deutschen Armee.

Bisweilen kam auch Geld, was uns aus der ärgsten Klemme half. Denn schon nach Nummer 2 waren die Abonnementszahlungen wieder aufgebraucht, und wir besaßen nur noch die Verpflichtung, unseren festen Beziehern weitere vier Nummer zu liefern. Als es endlich ganz hoffnungslos um uns stand, kam eine ältere, stattliche Dame vom Rhein angereist und schenkte uns bare hundert Mark. Diese für uns ungeheuerliche Summe der rheinischen Fortuna enthob unsere Redaktion fortan ernstlicher Geldsorgen.

Unser Bild von der Welt wurde durch das »Geräusch« oft wesentlich bestimmt. Uns von der 6 a waren beispielsweise alle Selbstmordgedanken fremd. Wir hatten die Gabe, alles uns nicht Gemäße abzuschütteln. Nun schrieben uns Ältere wie Jüngere verzweiflungsvolle Briefe mit heftigen Anklagen gegen Schule und Eltern und den uns fast unheimlichen Schlußwendungen, wie: »Wenn ich nicht Euch durch das ›Geräusch‹ gefunden hätte, Menschen, an die ich, wenn ich Euch auch nicht kenne, glauben kann, ich lebte nicht mehr.« Oder es versprachen uns ferne Freunde, nun ehrlich zu sein, wie das »Geräusch«; und wir zweifelten daran, ob wir es selber wirklich waren. In unseren Bestimmungen zur Mitarbeit verlangten wir nur, daß alle sich untereinander duzten, wie es Pennäler oder Arbeiter unter sich tun. Denn wir waren ja unter uns, da wir die Altersgrenze der Mitarbeiter nach oben auf siebzehn beschränkten; wir brachten manches schon von Neunjährigen. Unsere eifrigsten Mitarbeiter von draußen sagten meist, sie seien Juden. Wir verstanden erst gar nicht, daß sie es betonten. Es sollte uns erst Jahre später klar werden.

Werthers Leiden

Die Sitzordnung der 7 a, als wir Klassenkameraden uns nach den Sommerferien wieder in den Schulbänken zusammengefunden hatten, wurde ganz anders als die der sechs bisherigen Jahre unseres Pennaldaseins. Denn viele waren ausgetreten, und unter den siebenunddreißig, die wir zählten im Alphabet, fanden sich nur noch zwanzig Altgediente. Fremde Gesichter glichen den Verlust aus, doch blieben sie fremd. Es fehlte uns an ihnen die gemeinsame Vergangenheit; wie bei einem mit Ersatzmannschaften aufgefüllten Heer aber wachten wir, die Kerntruppe, umso peinlicher über die Einhaltung unserer Spielregeln.

Ich selbst mußte mir, da Ludwig, der Freund und Banknachbar aus zwölf Schultrimestern, fehlte, einen anderen Partner suchen, und ich setzte mich neben den bebrillten, blonden Willy Bischoff, der ernstlich erwog, dereinst zum Theater und nicht in die Technische Hochschule zu gehen, ein Entschluß, der mich faszinierte. Auch verband uns seit langem die Wehrkraft; als Gruppenführer diente er in meinem Zuge und bekleidete dort kraft seiner organisatorischen Fähigkeiten das Amt eines Kassierers. Mit den mehr aufmunternden als fragenden Worten: »Wer wünscht noch Beitrag zu zahlen?« trat er allmonatlich in Erscheinung.

In der Geographie der Plätze wanderte der 7 a-Altstamm geschlossen in jene Bankreihen aus, die, den Fenstern und dem Katheder am weitesten entlegen, stets ein wenig im Dämmer blieben. Es geschah auf dieser Flanke manche Heimlichkeit unter den Pulten, indessen unsere Blicke teilnahmsvoll auf den jeweiligen Spieß gerichtet schienen.

Bischoffs Wahlspruch hieß: »Wenn etwas ist gewaltiger als das Schicksal, so ist's der Mut, der's unerschüttert trägt.« So wenigstens setzte es der zukünftige Mime seinem Tagebuch als Motto voran, samt seiner Photographie, die ihn im Konfirmationsanzug zeigte, etwas kurzsichtig und schüchtern vor sich hinblickend, aber freilich die Arme stolz verschränkt.

Bischoffs Tagebuch gedieh über dies stolze Wort nie hinaus; uns allen gediehen Tagebücher nicht mehr. Auch ich hatte ja einst vergeblich zu einer Chronik meiner Liebeserlebnisse angesetzt und mit dem Satze begonnen: »Meine Zeit ist gekommen«; aber dabei blieb es, und zudem kam sie ja erst, die Zeit der Liebe.

Als Oberklässler hatten wir nun jährlich einmal über ein selbstgewähltes Thema zwanzig Minuten frei zu sprechen. Ich tat es über die Entstehung der »Leiden des jungen Werther«. Diesen Werther erwählte ich nicht um der Literatur oder um Goethes willen, sondern um einem Gefühl Ausdruck zu geben, das ich an mir selbst zu verspüren glaubte: dem Erleiden aussichtsloser Liebe. Denn seit jenen Maientagen, in denen ich die Hero so schnell verlassen hatte, wurde ich vom Verlangen nach Mädchenliebe wieder heftig in Nächten und Gedichten umgetrieben.

Ich begann deshalb meinen Vortrag mit der

Feststellung: »Da wir Zeitgenossen Goethes zu sein weder das Glück noch die Ehre haben, sind wir bei der Betrachtung der Entstehungsgeschichte des Werther leider auf unsere eigenen Gefühle angewiesen.« Der Spieß lächelte; ich vermerkte es ihm übel. Denn ich hatte mir daheim ein Wort des Märchendichters Andersen über das Bett gemalt: »Das Leid einer jungen Seele ist so groß wie das größte, welches der Erwachsene kennt; sie hat in ihrem Schmerze keine Hoffnung; sie hat im Augenblick außer ihrem Kummer nichts, woran sie sich halten kann.«

Diesen Satz druckte ich in der nächsten Nummer des »Geräusch« fett ab und sandte sie dem Spieß, rot angestrichen; denn in allem Schmerze waren wir angriffslustig genug. Auch wollte ich diesen Erwachsenen wissen lassen, wie wenig berechtigt er wäre, über das Bekenntnis meiner Schmerzen zu lächeln.

In dieser Zeit, da wir alle begannen, ernstlich an zielloser Liebe zu erkranken, schien es völlig aussichtslos, einem würdigen Gegenstand der Hingabe zu begegnen. Der statistische Frauenüberschuß der Welt, uns kam er gar nicht zugute, denn wir verfügten unter uns Kameraden nicht einmal über Schwestern, die im Alter zu uns gepaßt hätten. Einige wenige aber machten uns die Brüder madig, indem sie ausführlich schilderten, wie geräuschvoll die eine des Morgens ihre Zähne putze, wie unappetitlich der andern die Haare ausgingen im schuppigen Kamm, wie selten bei der dritten der Strumpf im Schuh noch heil und sauber sei. Bei dem Höhenflug unserer Liebessehnsucht hätten wir die Vorstellung eines leichtfertigen, verworfenen Mädchens leichter ertragen als die eines Alltaggeschöpfes. Die Geliebte, so unbekümmert wir voreinander darüber witzelten: in uns begehrten wir sie wandelnd, nicht gehend, hehr, nicht alltäglich.

Wir flüchteten unser Verlangen in Träume und Gedichte und in die weichen Arme der Sehnsucht. Zarte Gebilde unserer liebesdurstigen Phantasie forderten wir schriftlich auf, an unserer Brust zu weinen; blutende Herzen würden wir, allem entsagend, in Tränen betten, so reimten wir; toten Frauen, die nie und nie uns gestorben waren, trauerten wir nach und »weißt du noch« wehklagten wir ins Leere. Nie aber weinten wir wirklich, so nahe uns das alles ging, und nie hat einer von der 7 a sich oder einen seiner Kameraden weinen sehen.

Selbst Geschöpfe der Kunst verwirrten unsere Sinne. Ich liebte die Nanna von Feuerbach vor dem grünen Vorhang und gedachte sie in stürmischer Beschwörung in meinen Traum zu ziehen. Wirklich gelang es mir, aber das war die

Nanna nicht, es war die Gestalt einer turbangekrönten blonden Sybille der Angelika Kaufmann; ihr Konterfei hing bei uns im Musikzimmer, und ich konnte es nicht ausstehen.

Dann wieder genügte ein rotes Samtkleid auf der Straße – wir wagten aber ein Ansprechen nicht – daß wir, in die häusliche Vereinsamung zurückkehrend, die flüchtig Geschaute anflehten:

»Gib mir Deine Hand!
Über Land und Land
Wollen wir wandern weit,
Bist Du bereit?«

Oder wir schrieben lange Briefe an die Adressen angeblicher Schöner, die Wandermann, der kleine Detektiv, für jeden bereitwillig ermittelte. Die so abgesandten Briefe enthielten die ausführlichsten Naturschilderungen von Sommerabenden, Mondaufgängen, Waldesweben, sanften Winden, und so schienen alle diese Liebesbriefe mehr der Botanik und der Meteorologie zu gelten als den gedachten Schönen. Nur in Schlußsätzen wagten wir uns ein wenig vor, indem wir baten, nicht böse zu sein und uns den verehrten, leider unbekannten Eltern, »wie Sie mir ja selbst unbekannt sind, sehr verehrtes gnädiges Fräulein«, aufs Wärmste zu empfehlen.

Auf solche Wurfsendungen blieben wir freilich ohne Antwort; aber das bekümmerte uns nicht so sehr; schreibend hatten wir der Liebe Lohn empfangen. Kam uns der Entwurf eines solchen Schreibens nur Tage später nochmals zu Gesicht, dann dünkte uns alles schon sehr komisch, und ich bewahre heute noch ein derartiges Konzept, das von mir selbst mit der querlaufenden Bemerkung zensiert wurde: »So ein Käs«.

Voreinander, in Gesprächen, spielten wir uns freilich als Teufelskerle und Liebeshelden auf. Der schnoddrige Oskar Flint sagte: »Man muß die Mädchen ausdrücken wie eine Zitrone und dann wegwerfen.« König ließ uns wissen, daß ihm seit der Überwindung der Sturm- und Drangperiode ihm zehnten Jahre seines Lebens jede Maid zu willen sei, wenn er dies in einer philosophischen Pause für gut befände. Hierauf erlaubte sich allerdings der nun draußen im Leben unbefangenere Freund Ludwig zu erwidern, dann wünsche er dem Herrn von König recht viele solcher Pausen, denn er sähe solche als die wenigen lichten Momente an, die ihm bei seinem Hokuspokus im Ambraduft noch vergönnt seien. König nahm das sehr übel.

Ich dagegen hatte Freund Ludwig, trotz beginnender Entfremdung, wertvolle Aufschlüsse über die Technik des Kusses zu verdanken. Denn seit den großen Enttäuschungen in den

Zeiten der Hero grübelte ich darüber nach, was es denn in Wahrheit mit dem Kuß auf sich habe.

»Ist denn«, so fragte ich bei Ludwig an, als ich erfuhr, daß er Künstlerinnen küsse, »das Berühren von Mund zu Mund so viel wert? Stelle dir doch nur vor, du dürftest ein Mädchen küssen unter der Bedingung, sie sonst nicht im geringsten zu berühren! Also machen doch die Begleitumstände erst den Kuß aus. Wenn Du Dein Mädchen an Dich ziehst, wenn sie den Kopf beugt und ihr Euch selig in die Augen schaut, dann ist der Kuß der Gipfel dieser Seligkeit, die aber doch hauptsächlich darin besteht, daß ihr Euch in den Armen liegt, wobei ich nicht verstehe, wie Du eine vollbusige Sängerin verträgst.«

Was Du da schreibst, Du Laie«, antwortete Ludwig, »ist grundfalsch«, und er weihte mich, freilich nur theoretisch, großmütig in seine Liebestechnik ein.

Ja, Ludwig stand jetzt mitten im Leben.

Revolution

Das, was in uns vorging, kümmerte unsere sechzehn Jahre mehr als jedes Geschehen der Umwelt. In ihr ging der Krieg zu Ende, in uns fing das Leben an.

Als die allzugewohnten Heeresberichte von einem Waffenstillstand berichteten, schnappten wir begierig die Tatsache auf, bedachten aber die Folgen nicht. Ahnungslos schwatzten wir der Gasse nach, der Kaiser müsse gehen, weg mit unserem König! Veränderungen jeder Art durften unseres Beifalls gewiß sein; wir fragten nicht nach ihrer Ursache noch nach ihrer Wirkung.

Als nun wirklich eines Donnerstags zur Nacht die Straße ihren Willen bekam und ein Schriftsteller rote Plakate mit seinem Namen zeichnete, da genossen wir die Worte Revolution und Volksstaat als eine willkommene Abwechslung.

»Um Gotteswillen, sie schießen am Hauptbahnhof«, beschwor uns Frau Griesbeck, als sie uns auf dem Weg in die innere Stadt sah. »Sie haben auf der Römerwiese vier Jahre lang geschossen, die Soldaten«, trösteten wir die Ängstliche. Endlich war wieder etwas los, mehr verstanden wir nicht davon. Die Erwachsenen steckten die Köpfe zusammen; kümmerte es etwa einen, was wir dachten?

Lastautos fuhren unter roten Fahnen; Redner sammelten Volk um sich, und der Handel mit Kommißzeug ging flott. Inschriften wie »Hoflieferant« waren auf einmal weg; die feinsten Ladeninhaber gaben sich als einfache Geschäftsleute. Das »Hotel Deutscher Kaiser« hieß über Nacht »Hotel Deutscher«. An der Türe zu Wolfgang von Königs Wohnung verkümmerte das adlige Beiwort unter Markenpapier. Da man überall die Kronen ausradierte und die königlichen Attribute strich, wie komisch sah da der ovale Rektoratsstempel des königlich bayerischen Realgymnasiums aus, wie ein angebissenes Butterbrot.

Die Teilnahme an politischen Versammlungen wurde uns sogleich aufs strengste untersagt, mit der Wirkung, daß wir mehr zu den Demonstrationen in die großen Bierkeller liefen, als wir eigentlich Lust hatten. Außerdem war ja dort auch die Arbeiterjugend zu finden; warum also sollten wir Pennäler unseren derzeit berühmtesten Schriftsteller nicht auch hören dürfen?

Doch freilich, wir spürten, daß wir noch nicht recht dazugehörten; Freundschaft und Liebe erfüllten uns noch ganz und gar.

Auch die Schülerräte, die in den obersten drei Pennalklassen gebildet werden durften, um den Gewerkschaften der Schüler Sitz und Stimme zu leihen, hatten für uns von der 7 a nur eine geringe Bedeutung. Wir handelten ja, seit wir dachten, unabhängig und fühlten uns wohl im gelegentlichen Aufruhr; aber erlaubtermaßen beim Rektorat Anträge einzubringen, das entbehrte jeden Reizes. Es fiel uns plötzlich gar nichts mehr ein, was zu fordern wäre, und so verlangten wir schließlich besseres Abortpapier, mehr zum Ärgernis des beflissenen Rektorats als in Ausübung neuer Rechte. Das Rektorat konnte später im Jahresbericht leicht mitteilen, daß sich die Schülerräte in durchaus einwandfreier Weise verhalten hätten; das war aber nicht unserer reaktionären Bescheidung zu danken, sondern im Gegenteil unserer revolutionären Unlust, die uns freiwillig zugestandenen Rechte auszunützen. Doch war die neue Einrichtung insofern angenehm, als manche lästige Stunde damit wegdisputiert werden konnte, wobei die Kunst der freien Rede prächtig in uns entwickelt wurde.

Auch die bei Zustimmung der Eltern nunmehr erlaubte Befreiung vom Religionsunterricht benützten wir mehr als ein Mittel, den Epple zu guten Noten zu veranlassen, »sonst tret ich aus«. Da Epple aber noch nie schlechte Noten ausgeteilt hatte, änderte diese Drohung wenig; denn kaum einer meinte sie ernst.

Der einzige, den die Zeit tiefer traf, war Theodor Schelt. In diesem wenigbeachteten, stillen Kameraden mit reichem, braunen Haar weckte die Republik die leidenschaftliche, schwärmerische Neigung, die Schule von einer

Lernanstalt in ein Jugendheim umzuwandeln. Unter allen Mitgliedern der Schülerräte war er der einzige, dem es ernst war mit der Reform des Lehrplans und des Verhältnisses zwischen Schülern und Professoren; er gewann damit die »Kleinen«, denen ein Schülerrat noch nicht erlaubt war und deshalb ungeheuer erstrebenswert erschien.

Daß Schelt mit all seinem idealen Wollen scheiterte und der Schule wie seinem Elternhause tief enttäuscht entlief, lag vor allem daran, daß wir anderen von der Schule eine glücklichere Jugendheimat gar nicht ersehnten.

Wir wählen unser Thema selbst

Die Osterferien 1919 mußten der politischen Verhältnisse wegen bis zum 8. Mai ausgedehnt werden.

Der radikale Kommunismus setzte sich durch. Häufiger, heftiger schoß es in der Stadt. Aus dem verwitterten grauen Stein des Justizpalastes blitzten die zahllosen Augen von frischen Gewehrkugeleinschlägen. Der Hauptbahnhof wurde zum Stützpunkt; der Verkehr stockte; mit den letzten Zügen entfloh die verfassungsmäßige Regierung, mit ihr manch einer, der Besitz und Kopf an die zu verlieren fürchtete, die nichts zu verlieren hatten. Männer von Ansehen wurden als Geiseln verhaftet, und vom Nachbarhaus, in dem Marzella das Klavierüben einstellte, kam uns der Rat, wir sollten fliehen: alle Hausbesitzer stünden auf der schwarzen Liste.

Es erfolgten Haussuchungen nach Waffen und Lebensmitteln. Ich vergrub unsere letzten Eier im Garten und dachte: wenn jetzt alle umgebracht werden, dann können diese Eier, wie die chinesischen hundertjährigen, zur Delikatesse eines späteren Finders heranreifen.

Sie sahen sich zwar schon ein wenig blutig-pariserisch an, diese Osterferien; aber dennoch erinnere ich mich vor allem des schönen Wetters. Denn bei strahlendem Himmel blühen auch die Revolten. Wir aber lagerten am Rande der von der Außenwelt abgesperrten Stadt und ließen uns bräunen. Manchmal überquerte ein Flieger unser himmelwärts träumendes Gesicht; wir erhaschten weiß flatternde Zettel, die er abwarf. »Die Befreier nahen, haltet aus!« Wir hielten aus und streckten uns in der Sonne.

Von Schelt erfuhr ich, daß er zur roten Armee gestoßen sei; ich konnte ihm nicht gram sein. Von den Neuen in unserer Klasse hatten sich zwei Ältere einem heimlichen weißen Freikorps angeschlossen; ich konnte ihnen nicht nacheifern. Wir waren wie Kinder, die wohl hören, was Erwachsene sprechen; aber es berührt sie nicht.

Einen starken Eindruck jedoch machte vielen von uns die große Tageszeitung der Stadt, als sie unter dem Diktat der neuen Herren mit expressionistischen Holzschnitten auf der ersten Seite herauskam. Indessen die gutbürgerlichen Abonnenten sich darüber als eines Irrsinns entrüsteten, schien uns eine Zeitung auf solche Weise an Interesse zu gewinnen. Als Herausgeber der Zeitschrift »Geräusch«, die bei wachsender Abonnentenzahl dem glücklichen Abschluß des zweiten Jahrgangs entgegensah, fühlte ich geradezu die Verpflichtung, mich mit solchem Irrsinn näher bekannt zu machen. Ich wurde daher ständiger Gast einer modernen Bücherstube, die mit entsprechenden Zeitschriften und Originalholzschnitten reich versehen war. Zwar war der Inhaber gerade in kommunistischen Geschäften abwesend, und es mußten, da er aus Versehen einen zum Betrieb wichtigen Schlüssel mitgenommen hatte, die einlaufenden Kisten vom Volontär mit einem Federhalter geöffnet werden – aber im Ganzen war hier viel zu lernen, und darauf kam es mir an. Denn wir hielten nicht viel vom Schießen und ernsthaftem Aufruhr, glaubten aber an die Unsterblichkeit eines guten Gedichts und eines schönen Bildes. Wie reimt sich dies alles? Wie konnten wir in uns die Kameradschaft vereinen mit einem Schelt in der roten Garde und einem Zauss im Freikorps Epp? Die Kunstbegeisterung und die Gleichgültigkeit gegen den Umsturz der Gesellschaft, wie reimte sich das? Es reimte sich menschlich. Wir gaben einem Lehrer wie Zuber, ob es gleich hieß, er sei Kommunist, den unbedingten Vorzug vor dem ordnungseifernden Scharte: wir kannten keine Parteien, wir kannten nur Menschen.

Als die Stadt zur Ruhe kam und die Schule wieder begann, mußte die 7 a eine deutsche Hausaufgabe schreiben, für die jeder sein Thema selbst wählen sollte. Eine solche Freizügigkeit war ganz neu, und die Lehrer durften mit Recht erwarten, unsere Welt in der Wahl der Themen widergespiegelt zu finden. Sie hatten sich unsere Welt aber wohl kaum so vorgestellt.

Da beschäftigte zum Beispiel den Fritz Dentz, acht Tage nach der Ermordung von Geiseln, nichts brennender als die »Beziehung zwischen Wagners ›Tristan und Isolde‹ und Schopenhauers ›Die Welt als Wille und Vorstellung‹«.

Karl Altmann, mit dem seit der ersten Klasse unser Alphabet anging, schrieb, unbesorgt um rote und weiße Armee, sechzehn Seiten über die Wasserwirtschaft im alten und neuen Ägypten.

Numa Eté verbreitete sich über die Entwicklung des musikalischen Ideals von Bach bis zu den Modernen.

Ich hatte am Tage vor der Aufsatzablieferung mit ihm, der mit großer Lautstärke auf dem Klavier rauschte, das Bachsche a-Moll Konzert gespielt und dabei erfahren, daß die Spartakisten im väterlich Etéschen Geschäft übel gehaust hätten. Doch Bach erschütterte ihn weit mehr.

Daß Günter Grolle, der während des Unterrichts in jedem gewünschten Versmaß reimte und seine Gedichte fortlaufend als »opus 1, opus 2« numerierte, über Stanzen und Gaselen arbeitete, verstand sich.

Der mit der Zunge anstoßende Kindskopf Rösle, der sich zu Hause von der Köchin Ohrfeigen gefallen lassen mußte, entpuppte seine wahren Neigungen in der »Untersuchung der Metallegierungen bei den historischen Feldgeschützen des Armeemuseums«.

Daß die Antike ein kultureller Grundpfeiler auch unserer Gegenwart genannt werden müsse: dies als Realgymnasiast zu beweisen, hatte Hans Trambauer übernommen.

»Sind politische Morde gerechtfertigt?« war Oskar Flints Thema, indessen Peter Müller sich mit der Sozialisierung der Landwirtschaft in Ostelbien beschäftigte.

König Wolfgang schlug persönliches Kapital

aus der gestellten Aufgabe, indem er die Leiden seiner angeblichen Herzkrankheit so mitleiderregend schilderte, daß er tatsächlich längeren Dispens vom Unterricht durchsetzte.

Die Lehrer äußerten sich ablehnend über diese Kostproben unseres eigentlichen Daseins – ein Titelverzeichnis veröffentlichte das »Geräusch«. Sie stellten eine bedauerliche Frühreife und Überspanntheit in unseren Versuchen fest.

Auch sonst geschah Unziemliches. Eines Vormittags klopfte es, und der Pedell richtete aus: »König und Haller um 10 Uhr aufs Rektorat wegen Urheberrechtsprozeß.«

»Heiland in deinem Reich«, brummte der Steinadler, der gerade englische Übersetzung mit uns trieb, »keine solchen Zustände gibts ja in der ganzen Welt nimmer, außerdem man bestellt sie sich! Da gibt sich unsereiner Müh und will euch was beibringen; und jetzt kommens daher und haben einen Prozeß wie die Alten; und bringt man euch nix bei, dann könnt ihr nix! Was haben's denn für einen Prozeß?«

»Wegen unberechtigten Nachdruckes einer philosophischen Sentenz im ›Geräusch‹«, erläuterte König.

»Sagt der König, Herr Professor!« fuhr ich dazwischen.

»Lassens mich gefälligst in Ruh mit ihren Händeln! Ich weiß schon, daß der Mensch mit

Schweiß und Angesicht sein Brot verdienen muß! Aber Recht muß Recht bleiben; oft kommt es zwar spät, aber es kommt doch. Mir kanns ja gleich sein, ob Sie ein Schreiben machen in die erste Distanz oder ich, in Dreiteufelsnamen.«

Es kam aber gar nicht bis zur ersten Instanz, denn mein Vater sagte, dem König sein Vater verfüge über den besseren Anwalt und schlug die Sache nieder. Er war Kaufmann und hatte viele Prozesse erlebt.

Jugendbewegung

In überfüllten Sälen sprach Hans Blüher über den Charakter der Jugendbewegung. Es rauschte davon bedeutungsvoll in meinen Ohren, aber eigentlich verstand ich weder die apriorischen Sachverhalte, noch den Zivilisationsgürtel der sekundären Rasse. Auch gefielen mir die wenigsten, die da zuhörten: bärtige Jünglinge im Schillerkragen, breithüftige Mädchen in ungeschlachten Hängekleidern, parfümierte Herren und auf den ersten Reihen ältere Damen. Viele hatten Hesses »Demian« unter den Arm geklemmt.

Ich beschaffte mir diesen »Demian«; lange lag der graue Band auf meinem Nachttisch, dem Ehrenplatz meiner meist gelesenen Bücher. Aber auch Demian blieb mir rätselvoll.

Ich suchte nach einer neuen Lebensform. Das wurde mir klar, wenn ich am Samstag vor die sechzig Buben meines Wehrkraftzuges hintrat, mit dem silbergestickten Ärmeloval des Oberführers. Auf einmal schien es mir sinnlos, sich jeden Samstag auf einem Punkte der Generalstabskarte zu treffen, schienen Ausrüstung A oder C ohne Bedeutung, Anschleichen oder Verteidigung ohne Lust. Ich machte dies zum zweihundertsten Male mit, wie meine genauen Aufzeichnungen auswiesen, die freilich immer knapper geworden waren. Es mußte sich etwas ändern.

Abends vor dem Auseinandergehen der Gruppen hielt ich nun kleine Ansprachen: nicht Beine und Lungen machten die Kameradschaft aus, dem Geist wollten wir dienen, harmonische Menschen werden, nicht nur Samstagswehrkraftler.

Ungeduldig hörten sie mich an, die Gruppenführer; den Buben war es fad: »Ach, der Haller mit seinem Geist – –«. Ich merkte es wohl. Was wollte ich denn eigentlich praktisch? Ich wußte es selber nicht.

Es paßte mir eben die Wehrkraft, wie sie

einmal bestellt war, nicht länger. Wenn es den sechzig aber gerade so recht schien, dann blieb mir, dem plötzlich Abtrünnigen, nichts übrig als wegzugehen. Ich tat es, trat aus.

»Lebt wohl, Dreizehner!«

»Servus Haller!«

Die Brüder Dorul und Adrian folgten mir. Ich hatte es nicht gewollt, denn noch in der Abwendung sorgte ich mich um die Festigung einer Gemeinschaft, in der so vieles mein Werk von Jahren war. Aber mit Dorul, dem begabten Zeichner, verband mich das »Geräusch«, und der kleine, schmale Adrian hing mir freundlich an. Ich erwartete viel von ihm; er bezauberte mich mit zukunftsglänzenden braunen Augen. Den Zug übernahm der Gruppenführer Willy Bischoff; ich verstand die Freude seines Führer-Ehrgeizes; ich hatte sie seit Jahren ausgekostet.

Als wäre von mir nur dieser Entschluß erwartet worden, so traf mich nun »der Ruf«. Erst in Form eines Gedichts nur, von Eugen Roth; dann aber kam es zur sichtbaren Sammlung all derer, die in jugendlicher Begeisterung miteinander gehen wollten. Eine Burg wurde von Eifrigen zum ersten Treffen bestimmt: und im Festprogramm stand Schiller.

So wanderte ich mit Dorul und Adrian gleich Hunderten aus allen Himmelsrichtungen in den

Sommerferien des Jahres 1919 zur verheißenen Burg. Wir schlugen uns mit einer Handvoll Haferflocken und den Heidelbeeren der Wälder viele Kilometer durch. Nie hatte ich im Gleichschritt der sechzig solche Vertrautheit erfahren, wie nun, zur Linken den robusten, kraushaarigen Dorul, zur Rechten den feingliedrigen Adrian, der wie ein Waldtier leicht und leise ging.

Endlich stießen wir zu der großen Familie, die um ein Feuer saß und sang und redete; ich war am ersten Abend fest überzeugt, dies sei nun der Geist, den ich gemeint.

Aber vergeblich erwartete ich die Tage darauf die großen Taten, das Hervorbrechen der Dichter und Künstler, die Unerhörtes beginnen würden aus diesem Geist. Fahnen und Feuer und Ritterschaften, ja, sie machten die Herzen weit, aber sie genügten mir nicht. Sie schienen mir nur als Verheißungen schöpferischer Werke schön. Doch es blieb bei den gemeinsamen Anstalten, und es kam nicht zu den Werken.

Tief betroffen schied ich mit den letzten. Den Rest der Ferien stürzte ich mich in körperliche Arbeit; ich arbeitete in einer Schlosserei. Die Haut riß mir unter dem Feilengriff, und die Lehrlinge lachten über meine weißen Taschentücher. Das Wort Geist vergaß ich darüber ganz, und in meinen Träumen spukte keine Feuerbachsche Nanna mehr: hundert Fabriksirenen heulten da.

So kam mein siebzehnter Geburtstag. Ich erreichte jene Altersgrenze, für die sich eine Weiterarbeit am »Geräusch« nach meinen eigenen Satzungen verbot. Die Zeitschrift hatte in namhafter Auflage ihren dritten Jahrgang aussichtsreich beendet; aber meine Zeit war um und ich stellte das Erscheinen des »Geräusch« unerbittlich ein.

Drei Schüler wurden entlassen

Wir kamen im Herbst 1919 in die achte, die vorletzte Klasse. Viele hatten mit mir offensichtlich den Vorsatz zum Erwachsensein gefaßt, doch nahm jeder einen anderen Weg.

Den meisten schien Männlichkeit in Stehumlegkrägen, daumennagelklein geknoteten Strickbindern, langen Hosen, Sockenhaltern, braunen Halbschuhen und in der farbigen Übereinstimmung des wehenden Brustziertüchleins mit den Manschettenknöpfen genugsam ausgedrückt. Die Matrosenbluse machte für sie das Kind, die Breeches den Knaben, der Sakko-

Anzug den Mann aus. Wer die Kleidung für den Herrn wählte, hatte keine Veränderungen mehr zu erwarten; er war fertig.

Eté tat noch ein übriges: er bedeckte sein unbändig quellendes Rothaar mit einem steifen schwarzen Gocks, klemmte ein Monokel ins linke, immer ein wenig entzündete Auge, steckte eine Aster ins Knopfloch, einen goldenen Notenschlüssel als Nadel in die Krawatte und drehte ein überschlankes Rohrstöckchen zwischen den Mittelfingern.

Andere männliche Attribute hätten sich in militärischen und studentischen Requisiten dargeboten. Was aber die soldatische Uniform anging, so war sie zu sehr in Verruf geraten, seitdem viele nunmehrige Zivilisten umgearbeitetes Feldgrau, kokardenlose Käppis aus allen Armeen der Welt und die Damen den »Stahlhelm« aus Stroh trugen. Studentenmützen, Bänder und Bierzipfel hingegen lehnte das Realpennal seit den fünfundsiebzig Jahren seines Bestehens ab. Wir erbosten uns daher über ein neues Zirkular des Rektorats, das verkündete: »Auf Grund eines vorliegenden Schülergesuches besteht gegen das Tragen farbiger Schülermützen kein Einwand.«

»Wer hat denn dieses blödsinnige Gesuch losgelassen?« wetterte die 8 a. Kurt Deilig, ein Neuer aus Chemnitz, bekannte sich als der Urheber, weil doch sonst in Deutschland überall solche Schülermützen getragen würden.

»Ja, aber bei uns nicht, verstehst Du!«

Deilig wurde gründlich verprügelt; aber was half das? Die Kleinen in den unteren Klassen, schon kamen sie mit den bunten Deckeln daher.

Überhaupt schienen da wieder ganz andere Geschlechter heraufzuwachsen, aus den Unterklassen. Vor dem Krieg mochte man eine Generation gleich einem Menschenalter rechnen; jetzt reiften die Generationen gleich Weinen von Jahrgang zu Jahrgang neu. Dem Jahrgang 1901 von der neunten Klasse, der als erster wieder einem regelrechten Friedensabsolutorium entgegenging, konnten wir von der 8 a uns noch einigermaßen verbunden fühlen: er hatte zukunftsvolle Dichter, eigenwillige Schauspieler, unbestechliche Denker aufzuweisen; wir achteten ihn mit Neugier. Der 7 a gegenüber, die unserem verlorenen Schelt und seinen Schulreformen angehangen hatte, kamen wir uns schon wie gewitzte alte Herren vor, und die Kleinen, die etwa gar der Couleur, dem Comment und dem Fußball frönten, verstanden wir überhaupt nicht mehr.

Die gutbürgerliche Pennäler-Tanzstunde wurde von vielen in Anspruch genommen, weil sie einen wünschenswerten, legalen Mädchenmarkt bot. Ich erwog solche Vorteile gleichfalls sehr ernstlich, und nur das Anbrechen einer neuen dichterischen Periode, in der die Worte Entsagung, Trotz, Wille und eiserne Mannhaftigkeit vor allem ihre Reimrolle spielten, ließ mich teils eisern, teils entsagungsvoll den rechtzeitigen Anschluß an die üblichen zwölf Paare versäumen.

Ein Mann, so dünkte es manche, habe vor allem Geld zu verdienen. Der Prügelknabe Ralf begann einen blühenden Handel mit Füllfederhaltern zum Preise von drei Mark. An mancherlei Demütigung gewöhnt, entwickelte er hier die erstaunlichste Hartnäckigkeit und setzte wirklich ansehnliche Mengen seiner billigen Schundware um. Unbewußt rächte er sich damit für jahrelang erlittene Unbill; denn alle seine Käufer klagten über verschmierte Taschen und blaue Schreibfinger.

Herbert Sack, ein Neuer wie Deilig, gestand mir, eine andere Verdienstquelle entdeckt zu haben. Er beschäftigte sich mit der Verwertung von Losbriefen bei sofortigem Gewinnentscheid. Diese Losbriefe schienen durch fünffache Nietungen vor betrügerischer Einsichtnahme gesichert; Sack jedoch erfand eine Methode, um trotzdem einen Blick in die verschlossenen Umschläge zu tun. Er konnte auf solche Weise Gewinnlose an sich nehmen und Nieten zurückgeben. Zu Sacks aufrichtigem Bedauern ließ sich aber seine Methode nicht so zuverlässig entwickeln, daß alle Nieten ohne Spur des Eingriffs wieder verschlossen werden konnten. Sack mußte daher aus den gewonnenen Beträgen die verletzten Nieten widerwillig ersetzen und sah bald Null in Null aufgehen. So fand er aus praktischen Erwägungen von den krummen Touren der Fortuna zurück auf den geraden Pfad der Tugend.

Tanzstunde, Barmittel und Kleider mochten nun vielleicht Leute machen: zum Manne machte aber doch erst das Weib. In der französischen Grammatik stand der Satz: »Das Geschlecht wird richtig erst beim Gebrauche erkannt.« Im Hinblick nicht auf grammatische, sondern auf mann-weibliche Bezüge, drückte dieser Satz gerade das aus, was zu tun uns nötig schien, wollten wir Männer sein.

Eine Art erzieherischer Verpflichtung gegen uns selbst trieb uns so in die Siebenschläfergasse, wo uns eine rote Laterne am Hause Nummer 4 Erfüllung verhieß. Die Gasse ähnelte in ihrer ladenlosen Armseligkeit auf merkwürdige Weise der einstmaligen nüchternen »Filiale«, und es war schwer sich vorzustellen, daß hinter den Alltagsgardinen des Hauses 4 nicht Wäschemangel und Nähmaschine, sondern Sinnenlust und schlangengleiche Verführung unser warteten. Allein, alles was sich uns darbot, war ein kleiner Eisstand im Hoftor der verrufenen Stätte.

»Eis, Friedensware, die Herrn, versuchen wirs einmal!« lockte die dicke Frau hinter den Nickelmützen über Himbeer und Vanille. Es war ein heißer, heller Nachmittag; immer auf Süßes aus seit den zuckerarmen Kriegszeiten, ließen wir uns ein Gemischtes geben.

Da standen wir nun; ein Dutzend fast, hatten wir uns aufgemacht zur roten Laterne, leckten, hart am begehrten Ziel, das kühlende Eis und fühlten uns eigentlich ganz zufrieden.

»Es ist wirklich gut, das Eis«, beteuerte der Gaselendichter Goerre, dem im hitzigen Munde die Portion schneller zerronnen war als uns allen. »Ich eß noch eins.«

»Einen heißen Herbst haben wir heuer«, sagte die rundliche Eismutter und freute sich. Tief versanken ihre küchenroten Fettarme mit den Holzlöffeln in den Behältern, und dann spachtelte sie das Gehobene in die Waffeltüten. Wir aßen alle noch eins. Angenehm gekühlt lehnten wir an den verrufenen Mauern.

Wie eine Fliege am Zuckerbrot andere anzieht, so zog unsere Zufriedenheit neue Eislustige an. Straßenkehrer, mit langen Reisigbesen bewehrt, deren Ende in einem eisernen Dorn auslief, hatten sich in rhythmischem Takt aufeinander zugearbeitet und stießen nun am Eisstand zusammen. Sie lehnten ihre Geräte gegen das verrufene Haus und kauften sich auch ein Eis.

Die Standlerin rationierte die Portionen. Auf einem Klavier klapperte die Mühle von Jensen; vielleicht wurden auch nur die Tasten abgestaubt. Eté behauptete es. Die Häuserschatten rückten über das Großsteinpflaster vor. Auf der Sonnenseite kam ein Mädchen die Gasse herauf.

»Aha«, machte der kleine Bohl. »Ist das eine?«

Sie sah eigentlich nicht wie »eine« aus, mit dem Kinderröckchen, der weißen Matrosenbluse, dem roten Kragen, dem schwarzen Zopf.

»Höchstens vierzehn. Vorsicht, Minderjährige!« warnte Fuld, der Juristensohn.

»Geh, halt doch dein Maul«, entrüstete sich Zauss, von dem es hieß, er habe es mit einer verheirateten Frau. »Grüß dich, Anna!«

»Schau, schau, er kennt sie schon«, verwunderte sich für uns alle der Gaselendichter. »Darf ich Ihnen ein Eis anbieten, gnädiges Fräulein?«

Wie kühn doch heutzutage die Dichter waren.

»Aber ja«, lachte Anna. Ein harmloser Name übrigens für ein Geschöpf der roten Laterne. Bei Wedekind hießen sie anders. Wenn sie überhaupt »eine« war. Fuld bezweifelte es. »Und jetzt sag ich euch was, ich geh!«

Wir gingen alle, bis auf Zauss, Goerre und

Jensen; die konnten unserethalben der Anna Eis zahlen. Wir glaubten nicht mehr recht an das rote Licht am Hause 4. Brannte es nicht, wie so viele in der Stadt, unter der Nische, in der die Mutter Maria thronte zwischen Strohblumen?

»Den Verkehr mit Mädchen aus guten Häusern kann ich nur empfehlen!« rief Bohl zum Abschied, ein berühmtes Wort aus unserer Pennalgeschichte.

»Beehren's mich wieder, die Herrn«, bat die Eismutter.

So kamen neun vom Dutzend nicht über Himbeer und Vanille hinaus. Zauss, Goerre und Jensen aber, sie blieben hängen an der Anna.

Die Schulaufgaben begannen wieder; Eisstände wandelten sich in Maronibratereien; von den nahen Bergen meldeten die Wetterwarten den ersten Schnee. Wir vergaßen die Siebenschläfergasse so lange, bis die Stadt davon sprach. Ein Mord war geschehen. Die sechzigjährige einsame Rentnerin Schneider wurde zwischen Bier und Emmentaler tot aufgefunden in ihrer Küche, blutige Spielkarten in steifer Hand. Eine Partie Sechsundsechzig, stellten die Kriminaler fest, und drei Kugeln in Herz, Hals und Stirn. Sie entstammten einem Armeerevolver. Goerre und Jensen erzählten, die Anna habe gesagt, die Polizei brächte doch weiter nichts heraus.

Acht Tage später wurde Anna verhaftet und des Mordes angeklagt. Sie beteuerte in drei verschiedenen Fassungen ihre Schuldlosigkeit; denn sie las viel. Dann gestand sie, daß sie es getan habe, um eine Affaire zu haben. Die Zeitungen verwiesen auf die Verrohung durch die Kriegszeiten. Anna bekam zehn Jahre.

Von Zauss, Goerre und Jensen brachte die Zeugenschaft des Prozesses lediglich unerlaubte Beziehungen zu Anna an den Tag.

Der Revolver, mit dem Anna ihre Affaire gehabt hatte, stammte nicht, wie sie anfänglich glauben machte, von einem adligen Fliegerleutnant, sondern vom Schüler Zauss, geliehen zum Katzenschießen. Zauss wiederum hatte ihn vom Bruder übernommen, der im Felde gefallen war.

Drei Schüler wurden entlassen.

Atalante

Eine erste Stunde am Montag. Epple mühte sich wie so oft um unser Religionswissen. »Wieweit ist der Christ zur Selbstliebe berechtigt und verpflichtet?« fragte er die Klasse.

Niemand antwortete. Wohl die meisten hätten etwas zu sagen gehabt; aber wir waren einfach zu faul, an einem Montag früh um 8 Uhr zu antworten. Um den guten Epple aber damit nicht allzusehr aufzubringen, hatten wir eine Art Jourdienst eingeführt. Für jede Religionsstunde wurde ein anderer aus der Klasse bestimmt, dem Spieß zu antworten und etwaige Thesen zu bestreiten; die übrigen schliefen derweilen. Epple fragte zwar regelmäßig: »Ja, tut denn nur einer mit?« aber die Stunde blieb doch auf diese Art einigermaßen in Gang.

An diesem Montag traf mich der Jourdienst. Aber meine Aufmerksamkeit wurde auf seltsame Art abgelenkt: es erschien mir auf der säuberlich abgewischten Wandtafel immer wieder das Bild eines Mädchens in dunkelblauem pelzbesetztem Samtkleide. Ich blickte weg und sah wieder hin: immer kam es wieder und jedesmal deutlicher. Dunkles Haar war im Nacken zu einem griechischen Knoten geschlungen.

»So eine einfache Frage und gar nichts, gar nichts!« beschwerte sich Epple, der keine Antwort erhielt und quirlte ein Bleistiftstümpchen. »Ich will leichter fragen.«

Er fragte leichter. Aber wieder antwortete ihm niemand; denn ich starrte an der Tafel das magische Bild des unbekannten Mädchens an. Sie führte nun einen gelben, englischen Setter an der Leine; Häuser wuchsen um sie auf, und ich erkannte deutlich eine dem Pennal benachbarte Straßenecke.

»Ist das eine Lernerei«, ließ sich Epple wiederum tadelnd hören. »Ich will noch leichter fragen.« Und er fragte zu dritten Male, noch leichter.

»Also Haller, jetzt sag's ihm halt«, raunzte mein Nachbar Bischoff, der von so viel Schweigen erwacht war.

Ich meldete mich.

»Also Haller?«

»Herr Professor. Mir ist schlecht.«

»Dann verschwinden Sie.« Ich schauspielerte einen wankenden Abgang. Die Klasse, aufgestört, zeigte sich belustigt.

»Also fertig jetzt!« gebot Epple. »Was ist denn eigentlich in diese Klasse hineingefahren? Ich werde gleich Ruhe haben da hinten. Vorn ist der Feind!«

Ich verließ eiligst das Pennal. Der Tafelerscheinung zwangsmäßig folgend, lief ich der erschauten Straßenecke zu. Umbiegend stieß ich auf ein Mädchen im dunkelblauen, pelzbesetzten Samtkleide; sie führte einen gelben, englischen Setter.

»Entschuldigen Sie, gnädiges Fräulein.« Ich war sehr aufgeregt und streckte der leibhaftig gewordenen Tafelerscheinung die Hand hin.

Sie sagte nichts, nahm aber die Hand mit kräftigem Druck. Dann ging sie vorbei.

Ein paar Tage blieb ich ob dieses Erlebnisses

ruhelos unschlüssig. Ich dachte an die turbangekrönte Sibylle, die einmal im Traume zu mir gekommen war. Aber eben im Traume doch nur. Dann überlegte ich, ob ich mich Freund Ludwig anvertrauen sollte. Aber dafür war er mir schon zu fremd geworden. Ich schlug im Lexikon nach unter Halluzination: »Eine Sinneswahrnehmung, der das Objekt fehlt. Sie beruht darauf, daß durch einen krankhaften Vorgang in der Hirnrinde Bilder und Vorstellungen aus dem Gedächtnis mit solcher Deutlichkeit in das Bewußtsein treten, daß sie für wirkliche Sinneseindrücke gehalten werden.« Was für ein Unsinn: Sinneswahrnehmung, der das Objekt fehlt, welches einem dann die Hand drückt!

Ein paar Tage behielt ich die Wandtafel scharf im Auge; aber sie regte sich nicht mehr. Mit raschen Seitenblicken versuchte ich sie zu überlisten, vergeblich. Da begann ich das Objekt ernstlich zu suchen in der Stadt.

Am Palmsonntag, früh um 5 Uhr, zu einer absichtslosen Stunde, da ich es am wenigsten erwartete, geschah die zweite Begegnung. Ich stand mit anderen Musikbegeisterten um Karten zur Matthäuspassion an. Sie begann erst um halb elf, aber die billigen Plätze waren rar. Wir wußten es damals nicht anders, als daß Musik ein vielstündiges Standopfer verlangte. Es reute uns nicht.

Da kam sie. Langausschreitend, als die größte inmitten zweier Begleiterinnen, trat sie wie aus einem Altarbilde auf mich zu. Denn ich stand als letzter in der Reihe und war nun fortgesetzt in ihrer nächsten Nähe.

Die Erscheinung erkannte mich wieder und wich nicht; sie reichte diesmal selber die Hand, und ich nahm sie, glücklich den festen Gruß wieder verspürend wie ein Zeichen des Einverständnisses. Ihre Begleiterinnen aufzuklären, schien ihr nicht nötig; ich grüßte mit förmlicher Verbeugung.

Es ist schwierig, zu einer Erscheinung zu sprechen: Erscheinungen zerbrechen leicht, wenn Worte sie anrühren. Konnte ich da von der Wandtafel erzählen? Sollte ich diesem leibhaftigen Mädchen sagen: »Weißt Du, was Du bist: Eine Sinneswahrnehmung, der das Objekt fehlt.« Sollte ich meinen Namen nennen, um den ihren bitten?

Aber bald darauf wußte ich: gar nichts sollte ich. Sie sprach wenig mit ihren Begleiterinnen; sie schien überhaupt nicht gerne zu sprechen. Sie griff manchmal müde an den Knoten ihres Haares. Ich lernte ihr Gesicht auswendig wie ein Sternbild: ein brünettes Gesicht von seltenem Ebenmaß.

Als wir eingelassen wurden zur Kasse, schritt sie vor mir her, und ihre dunklen Schultern hoben sich in südländischer Bräune von ihrem hellen Sommerkleid ab. Am Schalter fragte sie zurück: »Nehmen Sie auch Galerie links?« So gewann ich sie noch für die ganze Zeit der Bachschen Passion; die rauschte dahin drunten im Saale, indessen ich oben mit ihr selig an einer Säule lehnte.

Heimwärts begleitete ich sie bis zur Haustüre; die Begleiterinnen folgten geduldig hinterher.

»Ich heiße Atalante. Das sind meine Schwestern. Adieu.« Sie drückte mir die Hand und ging ins Haus. Ich gab den Schwestern dann auch die Hand und sagte: »Ich heiße Albrecht Haller.«

Einen Augenblick fiel mir die erste Begegnung mit der Hero ein und unser Gespräch an der Haltestelle. Wie anders wurden die wenigen, so ähnlichen Worte hier gesprochen.

Als die Tür einklinkte, griff ich nach meinem Taschenmesser und löste aus dem Beschlag der Türe einen talergroßen kupfernen Ziernagel. Ich preßte ihn schmerzhaft in der Hand, als wollte ich nochmals Vorstellung oder Wirklichkeit erproben. Es war keine Vorstellung, es war Liebe.

Auf einen solchen Ansturm des Schicksals hielt ich mich bereit, alles zu tun und alles zu lassen für Atalante. Durch die Seltsamkeit der Begegnungen glaubte ich mich im Banne eherner Vorbestimmung, und ich war willens, ihr unbedingt zu gehorchen, wie ich jener Erscheinung auf der Wandtafel gehorcht hatte.

Aber diese Liebe ließ sich Zeit und forderte, worauf ich am wenigsten gefaßt war: Geduld. Atalante war nirgends mehr anzutreffen: So oft ich ihr Haus umlauerte, so viele Abende ich in Konzerten nach ihr suchte.

Indessen ward daheim eine Osterreise beschlossen; als wir eben die Wohnung versperrten, händigte mir der Postbote einen Brief aus. Ich steckte ihn ein; anderntags im Gebirge erst dachte ich daran, ihn zu lesen. Da war es ein Brief von Atalante:

»Wir gehen heute zu Niddy Impekoven, Galeriestehplatz, Mitte, Herzliche Grüße.«

So also stand es mit meiner Bereitschaft zum Schicksal. An meinem Herzen hatte ich den Brief getragen, ohne ihn zu merken. Dennoch fühlte ich mich glücklich über das erste sichtbare Zeichen aus Atalantes Hand, und ich verwunderte mich ob ihrer Kenntnis meiner Adresse. Einen Augenblick fielen mir die Schwestern ein: ob die es vielleicht getan hatten für sie? Dieser Gedanke war nicht sehr angenehm. Denn ich hatte vor Jahren einmal in einer Familie ein solch schwesterliches Trio beobachten können; das las zusammen im Textbuch des »Rosenkavaliers«, und die dabei gezeigte gegenseitige Vertraulichkeit bereitete mir ein sonderbares Gefühl von Ablehnung.

Noch etwas hatte ich zu verwinden: Atalantes so prächtigem Vornamen stand ihr Familienname schlecht an: der war nämlich Meier. Atalante Meier, das tat dem Liebenden weh. Ich beruhigte mich erst, als ich bedachte, daß durch Atalante Haller – wie herrlich rollten da die »a«! – die kleine Peinlichkeit getilgt sein würde. Bei Hero hatte ich nie, bei Atalante sogleich ans Heiraten gedacht.

Noch kannte ich von ihr kaum den matten Schimmer ihrer Wangen, das ernste, ebenmäßige Antlitz, das hohe Staunen der Brauen und die müden Wimpern. Jede geringste Möglichkeit nützte ich, dies zu sehen; besuchte unzählige langweilige Tanzabende und hörte in Geduld sämtliche Meierschen Verwandten und Bekannten öffentlich rezitieren und konzertieren. Ich wartete heimlich an Läden, in denen Atalante mit ihrer Mutter einkaufte und radelte wohl hunderte von Kilometern herunter, immer um ihr Haus herum.

Jeden Freitag um 10 Uhr endete Atalantes Klavierstunde in der Nähe des Pennals. Ich bekam jedesmal um dieselbe Zeit heftig Nasenbluten; ich bohrte eben so lange mit A. W. Faber, bis das erlösende Blut da war, das ein Verlassen der Stunde gestattete. Dann wußte ich vom Pedell unbemerkt aus dem Pennal zu flitzen; ich sprang durch ein Abortfenster, ich kletterte im Schutze einer Akazie über den Zaun und lief, was ich konnte: all dies nur, um Atalante zu sehen, ihre Hand zu empfangen und sofort wieder zurückzukehren.

So verging ein halbes Jahr; die großen Ferien drohten mit einer langen Trennung. Atalante blühte mit dem wachsenden Jahr zu immer rätselhafterer Schönheit auf, meine Liebe wurzelte immer tiefer in mich ein, obgleich sie ihre einzige Nahrung aus dem Anblick der Geliebten zog.

Ich wagte damals niemandem, auch einem Kameraden wie Ludwig nicht, zu gestehen, daß ich, seit Monaten liebend und geliebt, noch keine Umarmung, noch keinen Kuß gewagt hatte. Im Rufe, in Liebesdingen ein skrupelloser Draufgänger zu sein, verharrte ich anbetend vor einer sechzehnjährigen Atalante und nannte sie immer noch gnädiges Fräulein. Ich schämte mich vor den Kameraden, schämte mich besonders vor Ludwig, der jetzt eine richtige Freundin gefunden hatte, dunkelstimmig und von üppigen Formen, wie er sie liebte. Aber vor mir selbst schämte ich mich meiner Zaghaftigkeit nicht.

Doch die Ferien bedrängten mich. Für eine

Trennung von vielen Wochen konnte ich von einem nur angebeteten Antlitz nicht leben. Was überhaupt wußte ich von Atalante? Wenig, denn sie sprach nur sparsam, und ihre Briefe waren kurz und sachlich. Sie liebte leidenschaftlich Musik und Zigaretten; vom Zeigefinger ihrer rechten Hand löste sich niemals ganz die gelbe Spur des Nikotins. Das war schädlich; aber selbst im »Laster« noch liebte ich sie. Hero hätte nie Zigaretten geraucht, und wenn, dann sicherlich ungeschickt, blasend mehr als ziehend. Immer fiel mir die Hero ein; es war eben mein einziger Vergleich; sie konnte Atalante das Wasser nicht reichen. War diese nicht die Schönste auf der Welt? Ja, sie war es.

Schon setzte Schiebel die Hauptprobe an zu »Die Himmel erzählen«, die sich nach wie vor trefflich eigneten für die Schlußfeier des Pennals. Nur ein Nachmittag noch blieb vor der Trennung von Atalante.

Diese Not machte mir Mut. Ich mußte sie noch einmal richtig sehen. Was »richtig« war, darüber gab ich mir keine Rechenschaft. Ich betrat aber ihr Haus zum ersten Mal und klingelte bei Meiers. Es sollte nun sein, was sein sollte.

Es lief jemand über den Gang, der Setter schlug an. »Atalante, der Haller steht draußen«, hörte ich die Stimme der jüngeren Schwester.

»So mach doch auf, ich komme gleich.« Es wurde still, dann öffnete mir die kleine Schwester. Sie fragte nicht, was ich wollte, und ich sagte auch nichts; so komplimentierte sie mich in einen Salon und schob mir dort in der Mitte des Raumes einen Klavierstuhl zurecht.

Ich fühlte mich, also zum Platznehmen eingeladen, wie ein Pfarramtskandidat, war aber zu befangen, um diese zentrale Sitzgelegenheit abzulehnen und setzte mich. Obgleich dies sehr zaghaft geschah, krachte der Stuhl unter mir zusammen; ich saß unter Trümmern am Boden. Die Schwester lachte laut und flügelte aus Vergnügen mit den Armen wie eine Krähe. Ich sprang elastisch hoch und schlug mich nun oben am Glaslüster an, der lebhaft erklirrte. Die Schwester quittierte dies mit größter Unbändigkeit; dazu trat Atalante ein und von der anderen Seite eine Dame.

»Das ist Herr Haller, Mama«, sagte Atalante und reichte mir eine frischgewaschene Hand.

Ja, das war Herr Haller. Er begrüßte die Frau des Hauses mit der Erklärung, er werde den Stuhl sofort zum Schreiner tragen. Das war gewiß ein höchst albernes Anerbieten. Aber die Mutter erwiderte:

»Dann soll Ihnen wenigstens Atalante helfen. Bleib aber nicht länger aus als sieben. Grüß Gott, Herr Haller.«

Die Mutter ging, die Schwester drückte sich.

»Aber Sie können doch gar nichts dafür«, bemitleidete ich Atalante, die sich nach den Trümmern bückte. Sie richtete sich auf und sah mich an. Ich faßte Atalante an beiden Händen, deren jede ein Stuhlbein hielt und küßte sie auf den schön geschwungenen Mund. Ganz zart und flüchtig nur rührte ich an ihre Lippen, aber es durchzuckte mich dabei ein so unendliches Liebesgefühl, als fahre ich auf nie endender Achterbahn die steilste Stelle herab.

»Komm«, sagte Atalante. Ich packte den Torso des zertrümmerten Stuhles und folgte ihr auf die Straße. Der Asphalt glühte unter der Julisonne.

Des nächsten Schreiners Werkstatt war nur wenige Schritte entfernt. Es schlug drei. Um sieben hatte die Mutter gesagt, sollte Atalante wieder zu Hause sein. Meinte die Mutter etwa einen Schreiner am Ende der Stadt?

Atalante lächelte. »Wenn du doch schon ins Haus gekommen bist« – oh, was gab es für verständige Mütter!

Wir gingen in den Stadtpark. Auf dem ersten Wege, der im Blätterschatten lag, hängte ich mich ein. Ich konnte es kaum ertragen, dieses Übermaß von Nähe. Auch Atalante zitterte im dünnen Sommerkleid. Wir fügten uns wunderbar zueinander, ohne »heroischen« Krampf.

An abseitiger Stelle lagerten wir uns nebeneinander hin. Ihr Kopf suchte meinen Arm als Kissen. Weil es bequemer war, löste sie ihren Knoten, und so fiel ihr dunkles Haar in das grüne Gras nieder.

Hingerissen durch dies unmittelbare Nebeneinander, den geahnten Duft von Haut und Haar, wehrte ich mich gegen die Übermacht der Liebe und der anrückenden Ameisen, und die Sonne schien uns so warm ins Gesicht, daß uns heiterste Fröhlichkeit ergriff.

In meinem Arme fing Atalante nun zu sprechen an – wie ein Kind bei seiner Mutter, dachte ich, obgleich ich mich wahrlich nicht mütterlich fühlte. Unter dem Sprechen wich das starre Staunen ihrer Brauen, und die klassischen Züge ihres Gesichtes belebten sich wunderbar. Wie schön erst mußte sie sein, wenn sie der Geist der Künste und schönen Wissenschaften durchglühten. Dies bedachte ich und begann Atalante auszufragen, wie sie ihren Tag hinbrächte. Ich fand, sie müßte sich mehr lösen von dem nur weiblichen Daheim. Denn sie hatte keinen Vater mehr: Mutter und drei Schwestern waren ihr ständiger Umgang. »Das kann nicht gut tun«, schulmeisterte ich, »du mußt Schiller und Werfel lesen, Burckhardt und den Costerschen Ulenspiegel, griechische Vasenbilder anschauen, Dickens übersetzen.« Ich stellte ihr gewissermaßen Ferienaufgaben, und sie versprach alles. Auch beschwor ich sie, wie im Märchen, wir wollten jeden Abend die Venus betrachten am Himmel und uns dort treffen. Sie gelobte alles und ich machte schon Reisepläne für Venedig, träumte von unserem dereinstigen Hausstand. In einem Jahr bin ich mit dem Pennal fertig, und in drei Jahren habe ich so viel Geld verdient, daß wir heiraten können. Meine Träume gingen im Galopp mit mir durch. Vor ein paar Stunden ja war Atalante mir noch das gnädige Fräulein gewesen, nun lag sie, mein Du, neben mir; sollten drei Jahre nicht genügen, um sie zu meiner Frau zu machen? Das wollte ich doch sehen –

Bei so viel Zukunft schien es leichter, sich zu trennen. Ich küßte sie noch einmal behutsam; denn sie zeigte sich sehr scheu dabei, wenn ihr Körper mir auch ganz nahe kam. »Lieber Albrecht«, das war viel.

»Schreib bald.«

Sie schrieb mir sogleich, und ihr Brief machte mich sehr stolz. Denn er war anders als alle ihre früheren Nachrichten, und sie schrieb, das sei mein Werk.

»Ich habe den ganzen Tag an dich gedacht und in der Nacht von dir geträumt. Ich habe dich ganz deutlich gefühlt und es war wunderschön. Dann sind wir einkaufen gegangen, irgendwo. Nun schreibe ich also deutsch, weil du es so willst, und du hast gewiß recht. Hier im Hotel sind furchtbar viele Leute und ich unterhalte mich mit ihnen, weil du sagst, daß man es tun soll. Dir zuliebe wird es mir nicht so schwer. Den »Ulenspiegel« habe ich schon angefangen; früher war er mir zu dick, und jetzt kann ich gar nicht mehr aufhören. Ich will, solange du fort bist, überhaupt möglichst weit kommen, daß du dich über mich freuen kannst. Ich möchte so sein, wie du mich haben willst. Und ich will auch ganz braun sein, bis wir uns wiedersehen. Meine Arme sind schon ganz dunkel. Ich rauche jetzt immer aus deiner Zigarettenspitze, die ich dir gestohlen habe, hast du es gemerkt? Die anderen kommen mir ins Zimmer; ich muß aufhören –.«

Ja, sie war mein Werk.

Dann hörte ich lange nichts von ihr. Ich sah die Venus an, aber es war ein totes Schauen. Ich schrieb Brief um Brief. Endlich kam neue Antwort.

»Du darfst mir nicht böse sein, aber es ist so viel los hier, daß ich nicht zum Schreiben komme. Und meine Mutter sagt, ich soll nicht immer sitzen. Denn es sind sehr viele feine und berühmte Leute im Hotel, und überhaupt ist ein so netter Ton unter allen. Neulich habe ich die Venus gesucht, aber jeder hat einen anderen Stern gesagt. Jetzt denk ich eben so an dich. Herzliche Grüße.«

Der Brief war wieder lateinisch und mit lila Tinte geschrieben. Da ahnte ich, daß Atalante mir verloren war.

Nicht, daß ich so schnell nachgegeben hätte. Schließlich war ja ihre Familie schuld und das Hotel mit seinen »feinen Leuten«.

Sie kam freilich wieder, Atalante, nach den Ferien schlank und braun. In meiner Liebe war ich zu schwach, ihr zu sagen, daß sie mir verloren sei, obwohl ich es schmerzhaft deutlich spürte.

Sie hätte es nicht begriffen, und sie war zu schön für Vorhaltungen. Aber was half es, wenn ich die Umwelt dafür verantwortlich machte, daß sie meine Atalante zerstört hätte, wenn ich sie aus ihrer Umwelt nicht lösen konnte?

Erst Jahre später vermochte ich mich schmerzhaft ganz von ihr zu trennen. Es war zu der Zeit, als sie merkte, daß ich meine Heiratsträume nicht einlösen würde, und als mir durch Zufall ein Brief von ihr an einen Unbekannten in die Hand kam, der begann:

»Lieber Fritz, ich habe die ganze Zeit an dich gedacht. Heute nacht habe ich von dir geträumt. Es war so schön –«

Ich las nicht weiter, denn ich kannte diesen Brief.

Damals las ich Kleist. Ich hatte ihn freilich längst »durch« seit den Jahren der unerschütterlichen Klassikerlektüre. Nun aber sah ich ihn leibhaftig vor mir stehen, wie er am selbsterbauten Katheder vor der geliebten Ulrike Kulturgeschichte dozierte. Und tief bewegte mich jene Briefstelle, wo es hieß: »Und wäre ein Mädchen auch noch so vollkommen, so ist es nichts für mich. Ich selbst muß es mir formen und ausbilden.« Dick strich ich diese Worte im Buche an.

Ein Cäsarenkopf

Haller, 9 a.

So stand es nun auf allen Heftschildern, auf dem Buchdeckel des Tacitus, am Arbeitsplatz des Chemielabors, in dem wir hantierten mit dem violettflammenden Kalium, dem silberweißschmelzenden Natrium. Die steinernen Abfalltöpfe füllten sich mit Säureresten, in denen rotes und blaues Lackmuspapier herumschwamm. Die Bunsenbrenner spitzten an dreißig Tischen ihre Feuerhütchen.

Wir waren trotz einigen Zuzugs nur noch dreißig. Von den zwanzig Altgedienten schied für die Oberklasse noch Wolfgang von König aus; es hatte ihn geschmissen, wie wir das nannten. So lange Jahre hatte er sich mit Herzkrankheit und Abschreiben zwischen allen Notenklippen hindurchgeschlängelt. Jetzt hatte es ihn doch noch erwischt. Der Kaiber war schuld daran und dann vor allem der Spinni. Der verzieh dem König die eine Antwort nicht: »Nach Elektrizität.« Spinni nämlich erkundigte sich kurz vor Schulschluß beim König: »Was bemerken Sie bei der Herstellung von Ammoniumkarbonat aus einem Gemenge von kohlensaurem Calcium und Ammoniumsulfat?« König bemerkte nichts. »So, das wissen Sie nicht, unglaublich, achte Klasse! Nun, wonach riecht es denn, König?« König: »Nach Elektrizität.« Übrigens setzte diese Antwort nicht nur dem König zu, sondern auch dem Spinni selbst: er ging mit König vom Pennal weg.

»Jaja, wenn man nichts mehr lernt als sich drücken«, sagte er zum Abschied. »Schallmeßtrupps! Dadurch ist der Krieg verloren gegangen.«

Das Jahr begann mit den üblichen professoralen Ermahnungen zu Fleiß und Betragen. Freilich diesmal hörte es sich ernster an. Vom »Abs«, mit den vom Ministerium gestellten Prüfungsaufgaben und der verschärften Spickkontrolle konnte man nie wissen, ob es nicht sehr gemein ausfiel. »Fest auf die Hosen setzen, sonst pfeift's«, warnte der Epple, und der Steinadler versicherte: »Sie schneiden *mich* ja ins eigene

Fleisch, wenn Sie nichts lernen, und ich krieg dann vom Ministerium eine schlechte Qualifikation.«

Doch hätte dies die 9 a nicht so von Grund aus umwandeln können, wie es dann wirklich in diesem Jahr geschah. Dies vermochte allein Professor Zuber, der für Deutsch und Geschichte zu uns kam.

Dieser Zuber, mit dem eindrucksvollen Cäsarenkopf und der breiten, schweren Gestalt, verdankte seine Wirkung auf uns nicht einer pädagogischen Überlegenheit, wie vielleicht seine Kollegen anerkannten, nicht einem besonders gründlichen Unterricht, wie unsere Eltern glaubten, sondern seiner Art, uns die Schule und ihre Absichten vergessen zu lassen. Die Stunden bei Zuber schienen Zusammenkünfte gesellschaftlicher Art; als Gäste saßen wir angeregt um einen vorzüglichen Erzähler herum, und es verstand sich, daß man in guter Gesellschaft weder heimlich musizierte, noch Pfeifen reinigte, Briefe schrieb oder mit kleinen Gegenständen um sich warf. Ja, es verstand sich weiterhin, daß ein jeder das Bedürfnis fühlte, in so erwählter Gesellschaft gleichfalls mit Auszeichnung gehört zu werden. So hoben sich die Leistungen der 9 a in überraschender Weise.

Überrascht zeigten sich vor allem die anderen Lehrer. Sie schoben es auf die drohende Nähe des Absolutoriums und sprachen sich daher überzeugter denn je gegen dessen Abschaffung aus, die im neuen Staate gerade ernsthaft zur Erwägung stand. Die Spieße konnten freilich nicht ahnen, daß es uns nach wie vor wenig berührte, was Cicero den älteren Cato über das Greisenalter denken läßt. Es dennoch zu wissen und Einser darüber zu schreiben, hieß für uns nur, die Belanglosigkeit des Schulbetriebs vor uns selber zu beweisen, indem wir gewissermaßen nebenbei seine Forderungen erfüllten. Wir erledigten das Schulpensum wie der Held im Märchen, der den Drachen mit Leichtigkeit tötet, aber darauf verzichtet, die kostbare Haut zu verwerten.

Ich besaß daheim unter dem Nachlaß meines Onkels Adolf eine Karte, die mir in solchem Zusammenhang nun plötzlich einleuchtete; sie lautete: »Heute vormittag habe ich summa cum promoviert; heute nachmittag habe ich mir einen Regenschirm gekauft.« Das war es: heute vormittag kam in der Klasse 9 a eine Schularbeit über die französische Revolution mit lauter Einsern heraus; heute nachmittag ging die 9 a zum Eisessen in die Siebenschläfergasse.

Zuber griff aber nicht nur in unsere Einstellung zur Schule ein; er bildete uns auch ohne Rücksicht auf den Lehrstoff in persönlichen Gesprächen. Allwöchentlich führte er in seinem

Heim, wen danach verlangte, in die antiken Mysterien ein; er säuberte die Klassenbibliothek von langweiligen Schmökern und stellte den noch wenig bekannten Dichter Carossa neben den noch nicht in Mode gekommenen Dostojewski. Er schaffte Thomas Mann, Eduard von Keyserling, die Memoiren Poincarés, soziologische Literatur an, riet uns zu Hamann, Lichtenberg, Montaigne. Zuber konnte es sogar wagen, Rilkes Cornett mit uns durchzugehen. Er ließ nie »Stellen« aus und warnte uns vor erotischem Dreck lediglich mit den Worten: »Ja wissen Sie, wenn Ihre Phantasie nicht weiter reicht als bis dahin, was in den verbotenen Büchern steht, dann können Sie mir leid tun.« Zubers Ausspruch: »Da könnt's einem die ganze Sexualität verschlagen«, ging als geflügeltes Wort in den Sprachschatz der 9 a ein.

Zuber erhielt auch keinen Spitznamen, obwohl etwa seine Art sich an russischen Namen zu berauschen – Zuber kannte Rußland ein bißchen aus eigener Anschauung, und auch das stand einzig da – wohl dazu herausgefordert hätte. Iwan, der Grausame, Iwan Grossly, mit Genuß sprach er derlei aus, seine »R« rollten, und die Augen, weit geöffnet, funkelten temperamentvoll im Cäsarenkopf.

Zubers energische Handschrift war ganz unleserlich. Auch das nahm uns für ihn ein. Ein richtiger Spieß schrieb eben »schön«; Kaiber zum Beispiel hätte Schriftvorlagen für Günther und Wagner fertigen können. Zuber gestand uns mit Humor, wie er am Anfang seiner Laufbahn, gleich allen Kollegen, in der ersten Klasse Schönschreiben zu lehren hatte. Jetzt, beim Herausgeben der korrigierten deutschen Aufsätze, die nicht nur mit Noten, sondern auch mit Urteilsbegründungen versehen waren, erklärte er: »Wenn Sie's nicht lesen können, lese ich es Ihnen vor.« Das klang natürlich, menschlich und angenehm. Diese Urteilsbegründungen Zubers waren stilistisch meisterhaft formuliert und sehr witzig. Dabei erinnerten wir uns früherer Bemerkungen wie: »Die Relativsätze sollen nichts Neues bringen«, »Einleitung zu lang, besser vom Gegenteil ausgehen«. »Gedanken gut, Ausdruck gewagt«, »für Interpunktion gilt nach wie vor Duden«. »Etwas zu wortreich und überschwenglich«.

Abs 1921

Soweit den Lehrern die Wandlung der 9 a zu Fleiß und Betragen noch entgangen war – denn ein in langen Jahren gefestigtes Vorurteil wischten ein paar emsige Wochen noch nicht unter den Tisch – bewiesen es nun die Weihnachtszeugnisse. Wir bräuchten das Abs nicht zu fürchten, bestätigte man uns. Und wir hätten es auch dann nicht gefürchtet, wenn jenes unerwartete Geschenk der neuen Schulordnung, »Schulschluß schon an Ostern«, und die damit zusammenhängenden Erleichterungen uns nicht zuteil geworden wären.

Die meisten wollten zunächst einmal auf die Universität oder die Technische Hochschule gehen; man würde dann weitersehen. Dennoch hatten sich in allen gewisse feste Vorstellungen gebildet. Da gab es allerdings manche Überraschung, als Dentz, der Realgymnasiast, Altphilologie als sein Studienziel angab, der blonde, bebrillte Bischoff die Schauspielkunst. Der Arztsohn Kramer wollte keineswegs die väterliche Praxis übernehmen, wie der Rex vorschlug, sondern in die Autobranche eintreten; Eté beharrte auf dem Studium der Musik, obwohl die väterlichen Glühlampen en gros doch weit Klingenderes versprachen. Überhaupt irrten die Erwachsenen sehr, wenn sie glaubten, wir wollten uns in die Betten legen, die die Väter uns gemacht hatten. Künstlersöhne interessierten sich für Maschinenbau; der Einzige einer berufstätigen Witwe bestand auf gelehrter Paläontologie, und der heitere Bohl hatte neun Jahre Latein getrieben, um sich nun für den Zigarrenhandel zu entscheiden.

Der Rex schüttelte den Kopf so häufig wie ein Schalterbeamter beim Wohnungsamt. Zuber aber verstand uns. »Ja wissen Sie«, sagte er, »werden Sie vor allen Dingen Zeitgenossen.«

Schon räumten die Pedelle Bänke in den Turnsaal, und wir blätterten abschätzend in den gelben Göschenbändchen mit Absolutorialaufgaben. Die Spieße wurden, wie zu Kranken vor der Operation, immer freundlicher und berieten mit uns, was wohl drankäme.

Bohl erkundigte sich auf alle Fälle, wer wohl beim Abs Aufsicht hätte von den Professoren; es war immerhin beruhigend zu wissen, daß dabei Kaiber gar nicht, der gute Epple und der kurzsichtige Steinadler dagegen sehr beschäftigt waren. Kramer fragte, wie es während der Prüfungsstunden mit dem Hinausgehen sei; denn die Schülertradition wußte da über phantasievolle Spickgelegenheiten Bescheid. Rote Liliputwörterbücher wurden schwarz angetuscht; aber zum Ankauf photographisch verkleinerter

Lehrbücher entschloß sich doch keiner von uns: wir fühlten uns zu sicher, als daß sich die Anschaffung ernstlich gelohnt hätte. Ich kaufte mir lediglich eine neue Krawatte, um die Prüfungstage mit hoffnungsvollen grünen Tupfen festlich zu begehen.

So vorbereitet zogen wir mit den anderen Absolventen eines Montags, im frühen Frühling um 7 Uhr, in den Turnsaal ein und nahmen in den weit auseinanderstehenden Bänken Platz. Auf jedem Platz fand sich ein Aktendeckel mit Kanzleibögen und Linienblatt vor. Hierfür hatten wir bei der letzten Schulgeldeinhebung eine Mark bezahlt; aber es wirkte jetzt dennoch wie ein Geschenk. Außerdem reizte das große Format zu großen Taten; auf den während der neun Jahre bei allen Arbeiten vorgeschriebenen heftgroßen Blättern, blauliniert, achtzehnzeilig, mit Rand, hatte sich ein graphischer und gedanklicher Schwung nie recht entwickeln lassen.

Mit dem Fach Religion fing es an. Zuerst diktierte der katholische Religionslehrer seine Aufgabe. Ich merkte unterdessen, daß ich meinen Federhalter vergessen hatte. Ich meldete es.

Epple bemühte sich selbst und kam heran. »Aber Herr Haller, ich weiß gar nicht, wo Sie ohne Federhalter hinauswollten!« Ich wußte es wirklich auch nicht. Epple reichte mir liebenswürdigerweise seinen Privatfederhalter, denselben, mit dem er neun Jahre lang unsere mündlichen Noten in sein Büchlein eingetragen hatte. Ich nahm ihn hin wie einen Talismann und arbeitete das ganze Abs in guter Zuversicht mit diesem ein wenig altmodischen braunen Handwerkszeug.

»Also fertig jetzt!« ertönte Epples Stimme von den Kletterstangen her. »Die Aufgabe, Sie haben zwei Stunden Zeit. Prüfung aus der evangelischen Religionslehre: Welche Anforderungen muß der Christ an sich selbst stellen, um das ihm geschenkte neue Leben auszugestalten. Inwieweit ist dabei die Selbstliebe berechtigt und die Selbstverleugnung notwendig? Haben Sie alle verstanden? Ich wiederhole –«

»Heute nachmittag kauf ich meiner Frau ein Hütchen«, machte Bohl, aber leise und zufrieden. Das war der alte Kampfruf der Klasse nicht mehr, das war der Ausdruck des höchsten Behagens. Denn genau diese Frage hatten wir schon einmal gehabt in jener Morgenstunde, als ich Atalante an der Tafel erscheinen sah. Eilig kratzten die Federn ...

Den meisten wurde die mündliche Prüfung erlassen. Zum letzten Male durchlebten wir die Erregung des Herauskommens von Zensuren. Das Herauskommen der nach Noten geordneten Aufgaben hatte uns ja neun Jahre lang immer wieder in Atem gehalten. Es blieb eine

Streckfolter, wenn die Einser, die Zweier drankamen, und man war noch nicht dabei. Umgekehrt: Wenn die Vierer zuerst einschlugen wie Blitze und langsam nur die Noten sich höher schraubten, war die Tortur nicht geringer. Schusser allein wandte die schonendste Methode an: er gab die Aufgaben als ungeordneten Haufen wahllos zurück, ein für den systematischen Kopf des Mathematikers besonders schöner Beweis menschlichen Zartgefühls.

Diesmal gings nach dem Alphabet: »Altmann, Bohl –« Hier zeigten sich wieder einmal die Vorteile, vorne im Alphabet geboren zu sein; Mitschüler wie Wandermann hatten es schwerer, ihre Erregung wartend zu bemeistern.

So kam der 27. April 1921, der letzte Tag.

Schiebel fand diesmal bei der 9 a viel Verständnis für den musikalischen Teil der Schlußfeier; vollzählig traten wir zum Chor an; sämtliche Instrumentalisten liehen ihre Kräfte dem kümmerlichen Orchester; Stern der Cellist, Eté der Pianist und ich mit der Geige boten aus dem Schubertschen B-Dur-Trio den zweiten Satz, obwohl wir der Überzeugung waren, daß es barbarisch sei, solche Teilstücke musikalischer Werke darzubieten.

Vor den Kletterstangen des Turnsaales war ein großes Podium aufgebaut; Lorbeerbüsche verdeckten die Turngeräte; Redner-, Dirigenten- und Notenpulte waren aufgestellt. Auf der ersten Stuhlreihe nahmen im Cut die sämtlichen Spieße neben dem Rex Platz; dahinter saßen Eltern und Freunde, und eng stand, bis in die Winkel mit den Böcken und Pferden, auf der Galerie und den Fensterbrettern das Tausend der Pennäler. Die Abiturienten, soweit sie nicht im Lorbeerhain musikalisch beschäftigt waren, harrten am Fuße des Podiums der feierlichen Zeugnisverteilung.

Schiebel, mit Reformschuhen, aber im Frack, bestieg das Podium und klopfte seine Musikanten an. Der Saal schwirrte unbekümmert von Schülergesprächen. Der Rex streckte, sich erhebend, die große rote Schwammnase in die Richtung des Lärms und schrie: »Ruhe!« Schiebel klopfte zum zweitenmal mit dem Stöckchen. »Die Himmel erzählen die Ehre Gottes«, dieses seit Jahrzehnten unvermeidliche Oratorienstück aus Haydns Schöpfung entstieg dem Lorbeerhain. Die Geigen schabten um die Wette; Schiebel hatte zu tun, um mitzukommen; der Chor setzte wie alle Jahre zu früh ein, Schiebel brüllte angstvoll etwas ins Fortissimo, aber wie alle Jahre fing man sich wieder beim »zeigt an, zeigt an, zeigt an das Firmament!« Das Solo »Dem kommenden Tage sagt es der Tag«, mit dünner Schülerstimme vom dicken Sohn des

Zizi vorgetragen, verfehlte auf diesen Lärm hin seine wohltuende Wirkung nicht. Der endliche Applaus des Auditoriums war, dank rhythmischer Klatschkunst der Mitschüler, ein gewaltiger, und der Rex rief zum Schiebel aufs Podium hinauf: »Sehr gut, sehr gut!« Schiebel schwenkte dankend den Reformbart und trat ab.

Ein Erstkläßler im Matrosenanzug bestieg das Podium. Die Hände an der Hosennaht, verneigte er sich mit scharfem Ruck und deklamierte im höchsten Sopran: »Maientag, Gedicht von Studienrat Dr. Leber.« Leber, in der ersten Reihe, unser wohlwollender Freund für Latein, ein Freund auch der häuslichen Muse, sandte den Blick verklärt zur Decke empor, an der die Kletterseile hochgezogen waren.

»Herrlich ists, an Maientagen
In dem hohen Gras zu liegen –«

Der Kleine schmetterte unbefangen Zeile um Zeile in den Turnsaal, senkte die Stimme brav nach jedem Interpunktionszeichen und hielt die Augen starr auf einen zwanzig Meter entfernten Punkt gerichtet, wie man es ihn gelehrt hatte. Mütter schluchzten vor Rührung, und selbst wir Abiturienten waren von heiterer Ergriffenheit bewegt, bedenkend, daß wir vor neun Jahren auch so dagestanden hatten, Hände an der Hosennaht.

Der Beifall fiel noch lauter aus; der Rex schüttelte dem tränenfeuchten Kollegen Leber anerkennend die Hand und rief dem Kleinen zu: »Sehr brav, sehr brav!«

Der Beifall hielt sich fortan auf beachtlicher Höhe, gleichviel ob unser Trio nun den Schubertschen Satz, ob ein Sechskläßler düster »Nero, ein Gedicht von Friedrich von Sallet« deklamierte, ob der gemischte Chor mit lauter Kehle anstimmte: »Wer hat dich, du schöner Wald, aufgebaut so hoch da droben?« Beifall und Radau waren nicht mehr zu überbieten.

So waren nun endlich, laut Vortragsfolge, die Reden des Abiturienten und des Rektors mit anschließender Verteilung der Reifezeugnisse fällig geworden. Die Abiturientenrede stand nach altem Rechte der 9 a zu; wie sie wirkte, das wurde aus der Ansprache des Rektors deutlich:

»Meine Herren Abiturienten! Ihr Herr Redner aus der 9 a hat eine ausgezeichnete Rede gehalten, ausgezeichnet. Er hat zwar unterlassen, die üblichen Dankesformeln an das Lehrerkollegium zu richten. Meine Kollegen und ich waren immer bemüht, Sie, meine Herren, zu tüchtigen deutschen Männern heranzubilden. Ich muß sagen, das ist neu, ich habe eine solche Rede noch nicht gehört, aber ich muß sagen, es gefällt mir, gefällt mir. Gratuliere! Ich bin auch kein Freund von Phrasen, ich bin Mathematiker. Meine Herren, ich muß einschalten: Die

Rechenkunst ist eine göttliche Kunst und keine Hexenkunst! Denken Sie daran, wenn Sie jetzt ins Leben hinaustreten.

Der Herr Vorredner hat am Schlusse bekannt: Wir leben. Er hat damit gemeint: Sie wollen leben, und Sie haben gelernt zu leben. Glaub' ich, meine Herren, glaub' ich! Ihre Zeugnisse da (er klopfte auf den Stoß weißer Blätter) beweisen es. Und die Rede hat es mir auch bewiesen, das freut mich sehr, freut mich. Der Herr Vorredner hat seine Schulzeit mit einem dicken Bilderbuche verglichen, in dem zum Ende alles gut hinausgeht. Meine Herren, ich muß es bestätigen.

Mein Herr Abiturient hat für alle seine Kollegen gesprochen, jawohl. Was ich hier sage und wünsche, gilt für alle natürlich. Aber der Herr Vorredner hatte vor allem wohl seine Klasse 9 a im Auge. Meine Herren aus 9 a, ich muß Ihnen etwas gestehen; Sie haben uns Lehrer sowie die Herren vom Ministerium verblüfft (ungeheurer fröhlicher Radau bei der Schülerschaft).

Ruhe dahinten! Meine Herren, das war nicht immer so. Sie haben sich jahrelang aufgeführt wie Banditen! Sie haben im Strafregister jahrelang den Vogel abgeschossen. Sie waren eine fürchterliche Klasse, fürchterlich! (Heiterer Lärm).

Ich kann Ihnen das heute schon sagen, denn

Sie sind rechtzeitig zur Vernunft gekommen. Sie haben in Ihren Abgangszeugnissen einen ausgezeichneten Leistungsdurchschnitt aufzuweisen. Meine Herren, Sie sind unsere Zukunft. Ich möchte Ihnen zum Abschied sagen: wir vertrauen auf Sie. Machen Sie so weiter!«

Bravo, bravo, bravo! riefen die Zuhörer, und die geräuschvollen Vertrauensbeweise dauerten noch lange an, als wir schon einherschritten, um nach einem Händedruck vom Rex die Zeugnisse in Empfang zu nehmen. Wir steckten sie ein, unbesehen. Es war uns nicht ganz geheuer zumute, bei so viel Anerkennung.

Dann verabschiedeten wir uns von den Lehrern. Wir wanderten von Hand zu Hand, zum Zuber zuerst, dann vom Lämmergeier zum Steinadler, vom Mandl zum Leber, vom Hammurabi zum Schusser, vom Zizi zum Epple, vom Schiebel zum Papperitz, und selbst dem Kaiber verziehen wir großmütig. Der und jener stand fast unterwürfig in der Reihe und schien dankbar zu sein für ein freundliches Wort. Manch einer behauptete sogar, er hätte es immer gesagt, wir seien eine ausgezeichnete Klasse. Nun war es an uns, Nachsicht zu üben an unseren Lehrern.

Auf der Straße rief sich die 9 a ein letztes Servus zu. Das junge Blattwerk kletterte an der frühlingsbesonnten Pennalmauer empor; es tat den harmonischen Vierklangschlag vom hohen Turm. Dann trennte sich die Klasse. Denn wegen der Versailler Friedensbedingungen mußten alle weiteren Schlußfeierlichkeiten unterbleiben.

Das Leben nahm uns in Empfang. Die einen gingen mit den Eltern, die andern mit ihrem Mädchen nach Hause. Die einen würden vielleicht bald heiraten, die anderen eine große Reise tun. Mich aber erwartete ein Freund. Er arbeitete als Bildhauer und Dichter, er trug meinen Vornamen, er war im gleichen Monat geboren, ich glaubte an ihn.

Inhalt

Ernst Heimeran wurde am 19. Juni 1902 im oberfränkischen Helmbrechts bei Hof geboren. Mit zwei gleichgesinnten Kameraden gründete er eine der ersten Schülerzeitschriften, den »Zwiestrolch«. Am 25. 10. 1922 ließ er sich – mangels Volljährigkeit – mit väterlicher Zustimmung handelsgerichtlich als Verleger eintragen. Die Bekanntschaft mit dem Maler und Schriftsteller Ernst Penzoldt prägte den jungen Heimeran entscheidend und führte zu einer Freundschaft fürs Leben. Nach seiner Promotion zum Dr. phil. landet er neben Eugen Roth in der Redaktion der »Münchner Neuesten Nachrichten«. Die beiden gründeten mit Ernst Penzoldt und einem Kreis Gleichgesinnter 1924 die »Argonauten«, die einige Jahre lang das literarische und gesellschaftliche Leben Münchens belebten. 1933 sah sich der junge Redakteur ziemlich jäh vor die Tür gesetzt. Nun galt seine ganze Kraft und Phantasie seinem eigenen Verlag mit den Schwerpunkten: Antike, Kulturgeschichte, Musik, Humor und seinen eigenen Büchern. 1936 hatte er geheiratet und die Familie mit Christiane, Till und Nele wurden zum Mittelpunkt seiner schriftstellerischen Arbeit.